Einfach lecker!

LEICHT & SCHNELL

Bath · New York · Cologne · Melbourne · Delhi
Hong Kong · Shenzhen · Singapore · Amsterdam

INHALT

EINLEITUNG

Unser hektischer Alltag bringt es mit sich, dass wir vor allem an Werktagen wenig Zeit haben, um lange in der Küche zu stehen. Viel zu oft nehmen wir nur einen Snack zu uns oder wärmen aus Zeit- und Bequemlichkeitsgründen ein Fertiggericht auf. Gesund ist das allerdings nicht.

Dieses Buch möchte Ihnen dabei helfen, mit etwas mehr Muße zu essen. Für keines der Rezepte brauchen Sie – vom ersten Schritt bis zum Servieren – mehr als 45 Minuten, viele sind sogar deutlich schneller fertig. Sie werden staunen, wie viele verführerische Gerichte sich in so kurzer Zeit auf den Tisch zaubern lassen. Die Rezepte in diesem Buch passen perfekt in den Tagesablauf vielbeschäftigter Menschen und werden sich bestimmt auch auf Ihrem Tisch einen festen Platz erobern. Natürlich schmecken die unkomplizierten Gerichte auch großartig, und sie kommen bei Kindern, Teenagern und Erwachsenen gleichermaßen gut an. So ist für jeden etwas dabei. Ergänzt werden die Rezepte durch praktische Zeitspartipps.

Wir beginnen mit einer Auswahl leichter Gerichte, darunter verschiedene Suppen, Dips und Burger, aber auch Bratlinge, Fajitas und Wantans. Probieren Sie Schnelle Tomatensuppe, Salat mit Räuchermakrele oder Knusprige Chicken Wings. Wenn Sie es exotischer mögen, gefallen Ihnen vielleicht Falafel-Burger, Frühlingsrollen oder Krebs-Wantans.

Im zweiten Kapitel finden Sie leckere Gerichte mit Fleisch und Geflügel, die der ganzen Familie schmecken. Darunter sind beliebte Klassiker wie Geschmorte Hähnchenkeulen, Schnelle Spaghetti bolognese, Schinken-Porree-Risotto oder Schweinefleischtopf mit Apfel. Wer ohne viel Aufwand Gäste beeindrucken möchte, könnte Lamm-Burger mit Feta, Pizza mit roter Paprika & Parmaschinken oder Pad Thai mit Schweinefleisch servieren.

Im dritten Kapitel dreht sich alles um Fisch und Meeresfrüchte. Probieren Sie Pfeffer-Thunfischsteaks, Tagliatelle mit Räucherlachs und Thailändischen Meeresfrüchte-Fisch-Topf oder auch bekannte Favoriten wie Fish & Chips aus dem Ofen, Moules Marinières oder Schnelle Paella.

Vegetarier und alle, die ihren Fleischkonsum reduzieren möchten, finden im vierten Kapitel schnelle, raffinierte vegetarische Gerichte aus aller Welt. Wie wäre es mit Auberginengratin, einer Schnellen Gemüselasagne, Filo-Pasteten mit Sellerie, Maronen, Spinat & Feta oder Risotto mit Erbsen & Gorgonzola?

Selbstverständlich ist auch für alle gesorgt, die gern Süßes mögen. Im letzten Kapitel präsentieren wir himmlische Desserts und leckeres Gebäck wie Sommertörtchen, Apfel-Beignets, Schnelles Tiramisu, Mini-Apfel-Crumble und Zitronenschaum. Für den süßen Snack am Nachmittag empfehlen sich Einfache Müsliriegel, Blaubeer-Scones, Weiche Haferflocken-Cookies und Zitronenkuchen.

Praktische Zeitspartipps

* Stellen Sie einen Speiseplan für die ganze Woche auf.

* Schreiben Sie einen Einkaufszettel und halten Sie sich daran. Dadurch sparen Sie Zeit und Geld.

* Vor dem Kochen das Rezept vollständig durchlesen. Alle Utensilien bereitstellen und, falls nötig, den Backofen vorheizen.

* Zuerst alle Zutaten zusammentragen, abwiegen und vorbereiten. Dann kann der kreative Teil beginnen.

KLEINE GERICHTE

Schnelle Tomatensuppe

Für 4 Portionen   Vorbereitung: 10 Min.   Garzeit: 10–15 Min.

Zutaten

2 EL Olivenöl

I große Zwiebel, gehackt

400 g ganze Tomaten aus der Dose

300 ml Gemüsebrühe

I EL Tomatenmark

I TL Tabasco

I Handvoll frische Basilikumblätter

Salz und Pfeffer

Zubereitung

1 Das Öl in einem großen Topf bei mittlerer Temperatur erhitzen. Die Zwiebel darin 4–5 Minuten unter häufigem Rühren weich dünsten. Tomaten, Brühe, Tomatenmark, Tabasco und die Hälfte des Basilikums zufügen.

2 Die Suppe mit einem Stabmixer glatt pürieren. Unter ständigem Rühren bei mittlerer Temperatur bis zum Siedepunkt erhitzen, dann mit Salz und Pfeffer abschmecken.

3 In vorgewärmte Portionsschälchen füllen, mit den restlichen Basilikumblättern garnieren und sofort servieren.

Variation

Wenn Sie statt der Tomaten geröstete rote Paprika verwenden, bekommt die Suppe ein interessantes Raucharoma. Dafür ganze Paprika unter einem heißen Grill unter häufigem Wenden rösten, bis die Oberflächen schwarz werden. Die Haut abziehen, Stiel und Kerne entfernen und das Fruchtfleisch grob hacken.

Pikante Hühnersuppe mit Nudeln

Für 2 Portionen   Vorbereitung: 15 Min.   Garzeit: 10–15 Min.

Zutaten

300 ml Hühnerbrühe

18 g Misopaste

2-cm-Stück frischer Ingwer, geschält und fein gerieben

1 roter Chili, entkernt und in dünne Scheiben geschnitten

1 Karotte, geschält und in dünne Streifen geschnitten

200 g Pak Choi, grob gehackt

150 g getrocknete dünne Eiernudeln, gegart

1 Hähnchenbrustfilet, gegart und in Streifen geschnitten

dunkle Sojasauce, zum Abschmecken

4 Frühlingszwiebeln, geputzt und fein gehackt

1 Handvoll frisch gehackter Koriander, zum Servieren

Zubereitung

1 Die Brühe und 250 ml kochendes Wasser in einem Topf bei mittlerer bis hoher Temperatur zum Kochen bringen. Die Misopaste zugeben und 1–2 Minuten köcheln lassen.

2 Ingwer, Chili, Karotte, Pak Choi, gegarte Nudeln und Fleisch zufügen. Weitere 4–5 Minuten köcheln lassen, dann mit Sojasauce abschmecken.

3 Die Frühlingszwiebeln in zwei vorgewärmte Servierschälchen geben und die Suppe einfüllen. Mit dem gehackten Koriander bestreuen und sofort servieren.

Mediterrane Fischsuppe

Für 4 Portionen   Vorbereitung: 15 Min.   Garzeit: 15 Min.

Zutaten

1 EL Olivenöl

1 große Zwiebel, gehackt

2 Knoblauchzehen, fein gehackt

425 ml Fischfond

150 ml trockener Weißwein

1 Lorbeerblatt

je 1 Zweig frischer Thymian, Rosmarin und Oregano

450 g festes, weißes Fischfilet (z. B. Dorsch, Seeteufel oder Heilbutt) ohne Haut, in 2,5 cm große Würfel geschnitten

450 g frische Miesmuscheln, abgebürstet und Bärte entfernt

400 g gewürfelte Tomaten aus der Dose

225 g rohe Garnelen, ausgelöst und Darmfäden entfernt

Salz und Pfeffer

frischer Thymian, zum Garnieren

frisches Brot, zum Servieren

Zubereitung

1 Das Olivenöl in einem großen Topf erhitzen. Zwiebel und Knoblauch darin 2–3 Minuten glasig weich dünsten.

2 Fischfond und Wein zugießen und zum Kochen bringen. Lorbeerblatt und Kräuter mit Küchengarn zusammenbinden und mit dem Fisch in die Suppe geben. Alle Muscheln, die eine beschädigte Schale haben oder sich bei Antippen mit einem Messer nicht schließen, wegwerfen. Die einwandfreien Muscheln in den Topf geben, gut umrühren, abdecken und 5 Minuten köcheln lassen.

3 Tomaten und Garnelen zugeben und weitere 3–4 Minuten garen, bis der Fisch gar ist und die Garnelen sich rosa gefärbt haben.

4 Die Kräuter herausnehmen. Alle Muscheln, die sich nicht geöffnet haben, aussortieren und wegwerfen. Abschmecken, dann in vorgewärmte Servierschüsseln füllen. Mit frischem Thymian garnieren und mit frischem Brot servieren.

Salat mit Räuchermakrele

Für 4 Portionen   Vorbereitung: 15–20 Min.   Garzeit: 15 Min.

Zutaten

4 Eier

175 g Brokkoli, in kleine Röschen zerteilt

300 g geräuchertes Makrelenfilet ohne Haut

1 knackiger Dessertapfel, z.B. Gala

Zitronensaft, zum Beträufeln

knuspriges Brot, zum Servieren

Dressing

Saft von 1 Zitrone

2 EL extraleichte Mayonnaise

1 TL Dijon-Senf

2 EL frisch gehackter Schnittlauch

Salz und Pfeffer

Zubereitung

1 Die Eier in einen Topf mit kaltem Wasser legen. Bei hoher Temperatur zum Kochen bringen, dann 10 Minuten kochen. Abgießen, die Schalen anbrechen und die Eier kalt abschrecken. Schälen und in Scheiben schneiden.

2 Inzwischen in einem Topf bei hoher Temperatur Wasser zum Kochen bringen. Den Brokkoli zugeben, 3–4 Minuten kochen, dann abgießen und mit kaltem Wasser abschrecken.

3 Die Makrelenfilets schräg in Streifen schneiden. Den Apfel entkernen, in Scheiben schneiden und mit etwas Zitronensaft beträufeln.

4 Für das Dressing Zitronensaft, Mayonnaise, Senf und Schnittlauch in ein Schraubglas geben und kräftig schütteln. Mit Salz und Pfeffer abschmecken.

5 Eier, Brokkoli, Makrele und Apfel in einer Schüssel mischen. Mit dem Dressing übergießen, vorsichtig mit zwei Gabeln mischen und sofort zu knusprigem Brot servieren.

Nudelsalat mit Tomaten, Oliven & Mozzarella

Für 4 Portionen

Vorbereitung:
15–20 Min. plus Kühlzeit

Garzeit: 15 Min.

Zutaten

225 g Conchiglie

50 g Pinienkerne

350 g Cocktailtomaten, halbiert

1 rote Paprika, in mundgerechte
Stücke geschnitten

1 rote Zwiebel, gehackt

200 g Mozzarella, in kleine
Stücke geschnitten

12 schwarze Oliven, entsteint

25 g frische Basilikumblätter

Salz

frisch gehobelter Parmesan,
zum Garnieren

Dressing

5 EL natives Olivenöl extra

2 EL Balsamico-Essig

2 EL frisch gehacktes Basilikum

Salz und Pfeffer

Zubereitung

1 Die Conchiglie in einem großen Topf mit leicht gesalzenem
Wasser 8–10 Minuten garen, bis sie al dente sind. Abgießen, mit
kaltem Wasser abschrecken und abtropfen. Abkühlen lassen.

2 Unterdessen eine Pfanne auf mittlerer Stufe trocken erhitzen,
die Pinienkerne zugeben und 1–2 Minuten unter Rühren
anrösten, aber nicht zu dunkel werden lassen. Vom Herd
nehmen, in eine Schüssel geben und abkühlen lassen.

3 Für das Dressing alle Zutaten in einer kleinen Schüssel
verquirlen. Mit Frischhaltefolie abgedeckt beiseitestellen.

4 Die Conchiglie auf Servierschalen verteilen. Pinienkerne, Toma-
ten, Paprika, Zwiebel, Mozzarella und Oliven zugeben. Mit dem
Basilikum bestreuen, dann mit dem Dressing beträufeln. Mit
Parmesanhobeln garnieren und sofort servieren.

Griechischer Salat

Für 4 Portionen   Vorbereitung: 15 Min.   Garzeit: keine

Zutaten

6–8 eingelegte Weinblätter

4 Tomaten, in Scheiben geschnitten

½ Salatgurke, geschält und
in Scheiben geschnitten

1 kleine rote Zwiebel, in dünne
Ringe geschnitten

120 g Feta, gewürfelt

8 schwarze Oliven

Dressing

3 EL natives Olivenöl extra

1 EL Zitronensaft

½ TL getrockneter Oregano

Salz und Pfeffer

Zubereitung

1 Alle Zutaten für das Dressing in einer kleinen Schüssel verrühren oder in ein Schraubglas geben und kräftig schütteln.

2 Eine Servierplatte mit den Weinblättern auslegen. Tomaten, Salatgurke und Zwiebel darauf verteilen, dann mit Käse und Oliven bestreuen. Das Dressing über den Salat gießen, würzen und sofort servieren.

Geflügelsalat mit Orangendressing

Für 4 Portionen   Vorbereitung: 20–25 Min.   Garzeit: keine

Zutaten

1 Handvoll frische glatte Petersilie

250 g frische Spinatblätter

1½ Salatgurken, in dünne
Scheiben geschnitten

80 g Walnüsse, geröstet und gehackt

350 g mageres gegartes
Hähnchenfleisch ohne Knochen,
in dünne Scheiben geschnitten

2 rote Äpfel

1 EL Zitronensaft

Dressing

2 EL natives Olivenöl extra

Saft von 1 Orange

fein abgeriebene Schale
von ½ Orange

1 EL saure Sahne

Zubereitung

1 Die Petersilienblätter abzupfen und waschen, etwas Petersilie
zum Garnieren beiseitelegen. Den Spinat ebenfalls waschen.
Spinat und Petersilie auf eine Servierplatte legen, darauf Salatgurke und einige Walnüsse verteilen. Das Hähnchenfleisch auf
die Blätter legen.

2 Die Kerngehäuse aus den Äpfeln ausstechen, dann die Äpfel
halbieren und die Hälften in Scheiben schneiden. Sofort mit
dem Zitronensaft beträufeln, damit sie nicht braun werden. Die
Apfelscheiben auf dem Salat anrichten.

3 Alle Zutaten für das Dressing in einer kleinen Schüssel verrühren oder in ein Schraubglas geben und kräftig schütteln. Den
Salat mit dem Dressing beträufeln mit der beiseitegelegten
Petersilie und den restlichen Walnüssen bestreuen und sofort
servieren.

Guacamole

Für 4 Portionen   Vorbereitung: 15 Min.   Garzeit: keine

Zutaten

2 große Avocados

Saft von 1–2 Limetten

2 große Knoblauchzehen, zerdrückt

1 TL mildes Chilipulver (oder nach
Geschmack), plus etwas
mehr zum Garnieren

Salz und Pfeffer

Brotsticks, zum Servieren

Zubereitung

1 Die Avocados halbieren, entkernen und schälen.

2 Zusammen mit dem Limettensaft in eine Küchenmaschine
   geben. Knoblauch und Chilipulver hinzufügen und alles fein
   pürieren.

3 Mit Salz und Pfeffer abschmecken. In eine Servierschale füllen,
   mit Chilipulver garnieren und sofort mit Brotsticks servieren.

Tortilla mit Feta & Mais

Für 4 Portionen   Vorbereitung: 15 Min.   Garzeit: 20 Min.

Zutaten

350 g Kartoffeln, gewürfelt

2 EL Olivenöl

1 Zwiebel, gehackt

1 Zucchini, grob geraspelt

200 g Mais aus der Dose, abgetropft

6 Eier

100 g Feta, zerkrümelt

Salz und Pfeffer

Paprikapulver, zum Garnieren

Zubereitung

1 Die Kartoffeln in einem Topf mit leicht gesalzenem Wasser 8–10 Minuten kochen, bis sie gar sind. Abgießen und gut abtropfen lassen.

2 Das Öl in einer großen, ofenfesten Pfanne auf mittlerer Stufe erhitzen. Die Zwiebel zugeben und 5 Minuten unter gelegentlichem Rühren garen, bis sie weich ist. Dann Zucchini und Kartoffeln hinzufügen und 2 Minuten braten. Den Mais untermischen.

3 Den Backofengrill auf hoher Stufe vorheizen. Die Eier in eine Schüssel aufschlagen, mit Salz und Pfeffer würzen und gut verrühren. Die Mischung über das Pfannengemüse gießen, den Feta darüberstreuen und 4–5 Minuten garen, bis die Eiermasse fast gestockt ist.

4 Die Pfanne unter den Backofengrill stellen und die Tortilla 2–3 Minuten backen, bis sie brutzelt und goldbraun ist. Auf vorgewärmten Tellern anrichten, mit Paprika garnieren und warm oder kalt servieren.

Überbackene Pilze mit Kräuter-Ricotta

Für 4–6 Portionen   Vorbereitung: 15 Min.   Garzeit: 15–20 Min.

Zutaten

4 große Champignons mit flachen Hüten, gesäubert

1 EL Olivenöl

1 Schalotte, grob gehackt

25 g frische glatte Petersilie

1 EL frisch gehackter Schnittlauch

150 g Ricotta

Salz und Pfeffer

Zubereitung

1 Den Backofen auf 200 °C vorheizen. Die Stiele aus den Pilzhüten drehen und beiseitelegen. Die Pilzhüte in eine flache Auflaufform legen und mit dem Öl einpinseln.

2 Pilzstiele, Schalotte, Petersilie und Schnittlauch in einem Mixer fein zerhacken. Mit Salz und Pfeffer würzen.

3 Die zerhackten Zutaten in einer großen Schüssel mit dem Ricotta gut verrühren.

4 Die Ricottamasse in die Pilzhüte füllen. Im vorgeheizten Backofen 15–20 Minuten backen, bis die Pilze gar sind und die Füllung brodelt. Sofort servieren.

Falafel-Burger

Für 4 Portionen　　　Vorbereitung: 15–20 Min.　　　Garzeit: 5 Min.

Zutaten

800 g Kichererbsen aus der Dose, abgespült und abgetropft

1 kleine Zwiebel, gehackt

abgeriebene Schale und Saft von 1 Limette

2 TL gemahlener Koriander

2 TL gemahlener Kreuzkümmel

Mehl, zum Bestäuben

4 EL Olivenöl

frische Basilikumstängel, zum Garnieren

Tomatensalsa, zum Servieren

Zubereitung

1 Kichererbsen, Zwiebel, Limettenschale und -saft zusammen mit den Gewürzen in einer Küchenmaschine oder einem Mixer zu einer groben Paste verarbeiten und anschließend in eine Schüssel geben.

2 Die Mischung in acht Portionen teilen, mit Mehl bestäuben und zu Kugeln rollen. Anschließend flach drücken und zu Burgern in der gewünschten Dicke formen.

3 Das Öl in einer großen Pfanne auf mittlerer Stufe erhitzen. Die Burger darin 2 Minuten von jeder Seite braten, bis sie knusprig und durchgegart sind.

4 Die Falafel-Burger auf vorgewärmten Tellern anrichten. Mit Basilikumstängeln garnieren und sofort mit Tomatensalsa servieren.

Hähnchen-Burger mit Krautsalat

Für 4 Portionen

Vorbereitung:
15–20 Min.

Garzeit: 8 Min. plus
Toasten nach Belieben

Zutaten

4 Hähnchenbrustfilets (1 cm dick)

225 ml Buttermilch

125 g Mehl

1 EL süßes oder geräuchertes
Paprikapulver

2 TL Knoblauchpulver

1 TL Pfeffer

1 TL Salz

½ TL Cayennepfeffer

125 ml Pflanzenöl

4 Hamburger-Brötchen

1 große Tomate

4 EL Mayonnaise

4 Salatblätter

450 g Krautsalat (Fertigprodukt),
zum Servieren

Zubereitung

1 Die Hähnchenbrustfilets mit der Buttermilch in eine Schüssel legen und mehrfach in der Buttermilch wenden.

2 Das Mehl in eine flache Schüssel geben und Paprikapulver, Knoblauchpulver, Pfeffer, Salz und Cayennepfeffer zufügen. Gut vermischen. Die Hähnchenbrustfilets einzeln aus der Buttermilch nehmen und in die Mehlmischung drücken. Zurück in die Buttermilch legen und erneut in der Mehlmischung wenden. Das Öl in einer großen Pfanne auf hoher Stufe erhitzen. Die Hähnchenbrustfilets nebeneinander hineinlegen und 3 Minuten von jeder Seite braten, bis sie goldbraun und durchgegart sind.

3 Die Brötchen aufschneiden und nach Belieben toasten. Die Tomate in dünne Scheiben schneiden. Auf die obere Hälfte jedes Brötchens die Mayonnaise streichen. Auf jede untere Hälfte ein Salatblatt und 2 Tomatenscheiben legen. Ein Hähnchenbrustfilet daraufsetzen und mit den oberen Hälften bedecken. Sofort mit Krautsalat servieren.

Hähnchen-Kräuter-Bällchen

Für 4 Portionen   Vorbereitung: 20 Min.   Garzeit: 5–10 Min.

Zutaten

500 g Kartoffelpüree

250 g gekochtes Hähnchenfleisch, gehackt

125 g gekochter Schinken, fein gehackt

1 EL gemischte, frisch gehackte Kräuter

2 Eier

1 EL Milch

125 g frische Semmelbrösel

Öl, zum Braten

Salz und Pfeffer

gemischte Salatblätter, zum Servieren

Zubereitung

1 Kartoffelpüree, Hähnchenfleisch, Schinken, Kräuter und 1 Ei in eine große Schüssel geben. Mit Salz und Pfeffer würzen und gut vermengen.

2 Die Mischung zu kleinen Kugeln formen.

3 Das zweite Ei mit der Milch in einer flachen Schüssel verquirlen. Die Semmelbrösel in einer zweiten flachen Schüssel bereitstellen.

4 Die Bällchen zuerst in der Eiermilch wenden, leicht abtropfen lassen, dann in den Semmelbröseln wenden.

5 Öl in einer großen Pfanne auf mittlerer Stufe erhitzen. Die Bällchen darin rundum goldbraun anbraten.

6 Die gebratenen Bällchen in eine vorgewärmte Schüssel geben und mit Salatblättern servieren.

Knusprige Chicken Wings

Für 4 Portionen

Vorbereitung: 15–20 Min.

Garzeit: 22–23 Min.

Zutaten

12 Hähnchenflügel

1 Ei

4 EL Milch

70 g Mehl

1 TL Paprikapulver

200 g Semmelbrösel

50 g Butter

Salz und Pfeffer

Zubereitung

1 Den Backofen auf 220 °C vorheizen. Die Hähnchenflügel an den Gelenken durchtrennen, die Flügelspitzen abschneiden und entsorgen. Ei und Milch in einer flachen Form verquirlen.

2 Mehl, Paprikapulver, Salz und Pfeffer in einer zweiten flachen Form vermengen. Die Semmelbrösel in eine dritte Form geben. Die Hähnchenteile in die Eimischung tauchen, abtropfen lassen und dann im Mehl wenden.

3 Überschüssiges Mehl abklopfen. Dann die Hähnchenteile in die Semmelbrösel drücken. Überschüssige Brösel abklopfen.

4 Die Butter in eine große, flache Auflauf- oder Bratform geben und im vorgeheizten Ofen zerlassen. Die Hähnchenteile zunächst mit der fleischigeren Seite nach oben in die Form legen.

5 Im vorgeheizten Ofen 10 Minuten knusprig braun braten, dabei zwischendurch wenden. Zur Garprobe die Hähnchenteile an der dicksten Stelle einschneiden. Das Fleisch darf nicht mehr rosa oder rot aussehen, und der Fleischsaft sollte klar und dampfend heiß sein.

6 Die Chicken Wings auf einer Servierplatte anrichten und servieren.

Chicken-Nuggets mit Barbecue-Sauce

Für 4 Portionen   Vorbereitung: 15 Min.   Garzeit: 15 Min.

Zutaten

4 EL Semmelbrösel

2 EL frisch geriebener Parmesan

2 TL frisch gehackter Thymian
(oder 1 TL getrockneter)

2 Hähnchenbrustfilets,
grob gewürfelt

120 g Butter, zerlassen

Salz und Pfeffer

Barbecue-Sauce

50 g Butter

2 große Zwiebeln, gerieben

300 ml Cidre- oder Weißweinessig

300 ml Ketchup

175 g Muskovado-Zucker

1–2 TL Worcestersauce

Salz und Pfeffer

Zubereitung

1 Den Backofen auf 200 °C vorheizen. Semmelbrösel, Käse und Thymian in eine flache Schüssel geben. Mit Salz und Pfeffer bestreuen und vermengen.

2 Die Hähnchenwürfel in der zerlassenen Butter wenden, abtropfen lassen und dann in der Semmelbröselmischung wenden.

3 Die Hähnchenwürfel in einer Lage auf ein Backblech legen. Im vorgeheizten Ofen 10 Minuten backen, bis die Nuggets gar sind.

4 Unterdessen für die Sauce die Butter in einem großen Topf bei niedriger Hitze zerlassen. Die Zwiebeln hineingeben und glasig garen, aber nicht bräunen. Cidre-Essig, Ketchup, Zucker und Worcestersauce zugeben. Unter Rühren erhitzen, bis der Zucker vollständig aufgelöst ist. Mit Salz und Pfeffer abschmecken. Aufkochen, dann die Hitze reduzieren und die Sauce 5 Minuten köcheln lassen.

5 Die Nuggets auf vorgewärmte Teller verteilen und sofort mit der Sauce servieren.

Sandwich mit Hackbällchen

Für 4 Portionen   Vorbereitung: 15–20 Min.   Garzeit: 21–25 Min.

Zutaten

400 g mageres Rinderhackfleisch

1 Zwiebel, gerieben

1 Knoblauchzehe, zerdrückt

2 TL mildes Chilipulver

25 g frische Vollkornsemmelbrösel

Öl, zum Braten

Salz und Pfeffer

Zum Servieren

Salatblätter

4 Baguettebrötchen, längs halbiert

1 rote Zwiebel, in dünne Ringe geschnitten

Zubereitung

1 Das Hackfleisch in eine große Schüssel geben. Zwiebel, Knoblauch, Chilipulver und Semmelbrösel zugeben. Mit Salz und Pfeffer würzen und gut vermengen. Mit einem Eiscremeportionierer kleine Bällchen formen.

2 Etwas Öl in einer großen Pfanne auf hoher Stufe erhitzen. Die Hackbällchen portionsweise zugeben und 8–10 Minuten von allen Seiten braten, bis das Fleisch gar ist.

3 Die Hackbällchen mit einem Schaumlöffel herausheben und auf Küchenpapier abtropfen lassen.

4 Die Salatblätter auf den unteren Brötchenhälften verteilen und mit den Hackbällchen belegen. Die Zwiebelringe darüber verteilen, die oberen Brötchenhälften auflegen und sofort servieren.

Warmer Bulgursalat mit Rindfleisch

Für 4 Portionen   **Vorbereitung: 15–20 Min.**   **Garzeit: 10 Min. plus Ruhezeit**

Zutaten

100 g Bulgur

400 g Rinderfilet

200 g glatte Petersilie, fein gehackt

140 g Minze, fein gehackt

1 rote Zwiebel, in dünne Ringe geschnitten

2 Tomaten, gewürfelt

1 EL natives Olivenöl extra, plus etwas Öl zum Einpinseln

Saft von 2 Zitronen

Salz und Pfeffer

Zubereitung

1 Den Bulgur in einer Schüssel mit kochendem Wasser bedecken. 10 Minuten quellen lassen, dann die überschüssige Flüssigkeit ausdrücken.

2 Inzwischen eine Pfanne oder Grillpfanne bei hoher Temperatur erhitzen. Das Fleisch mit Salz und Pfeffer würzen, dünn mit Öl einpinseln und von jeder Seite 2–3 Minuten braten. Nur einmal wenden. Vom Herd nehmen, mit Alufolie abdecken und 5 Minuten ruhen lassen.

3 Petersilie, Minze, Zwiebel, Tomaten und Bulgur in einer Schüssel mischen. Olivenöl und Zitronensaft unterrühren, dann mit Salz und Pfeffer abschmecken.

4 Das Fleisch in 2,5 cm breite Streifen oder dünne Scheiben schneiden. Den Bulgursalat auf eine Platte geben, das Fleisch darauf anrichten und mit dem Fleischsaft beträufeln.

Steak-Wraps mit Meerrettichsahne

Für 4 Portionen   Vorbereitung: 15–20 Min.   Garzeit: 10 Min.
plus Ruhezeit

Zutaten

4 Rinderhüftsteaks (à ca. 175 g)

1 Knoblauchzehe, zerdrückt

2 TL geräuchertes Paprikapulver, plus etwas mehr zum Bestreuen

Sonnenblumenöl, zum Bestreichen

100 g Crème fraîche

3 EL Sahnemeerrettich

8 kleine Weizenmehl-Tortillas

75 g Rucola

2 Avocados, geschält, entkernt und in Scheiben geschnitten

1 rote Zwiebel, in dünne Ringe geschnitten

Salz und Pfeffer

Zubereitung

1 Die Steaks mit dem Knoblauch bestreichen und auf beiden Seiten mit dem Paprikapulver bestreuen. Mit Salz und Pfeffer würzen.

2 Eine geriffelte Grillpfanne auf hoher Stufe erhitzen und mit Öl bestreichen. Die Steaks portionsweise hineingeben und 6–8 Minuten grillen, dabei einmal wenden. Vom Herd nehmen und 5 Minuten ruhen lassen.

3 Unterdessen Crème fraîche und Meerrettich in einer kleinen Schüssel verrühren. Jede Tortilla zur Hälfte damit bestreichen.

4 Die Steaks in Streifen schneiden. Mit Rucola, Avocados und roter Zwiebel auf den Tortillas verteilen. Die Tortillas zusammenrollen. Sofort mit je 1 Löffel Meerrettichcreme und mit Paprika bestreut servieren.

Frühlingsrollen

Ergibt: 20 Stück

Vorbereitung: 20 Min.
plus Einweich- & Kühlzeit

Garzeit: 25 Min.

Zutaten

6 getrocknete chinesische Pilze, 20 Minuten in warmem Wasser eingeweicht

1 EL Pflanzen- oder Erdnussöl, plus Öl zum Frittieren

225 g Schweinehackfleisch

1 TL dunkle Sojasauce

100 g Bambussprossen aus der Dose, abgetropft und in feine Streifen geschnitten

1 Prise Salz

100 g rohe Garnelen, ausgelöst, Darmfäden entfernt und gehackt

225 g Bohnensprossen, grob gehackt

1 EL fein gehackte Frühlingszwiebel

20 Frühlingsrollen-Teighüllen

1 Eiweiß, leicht verquirlt

Zubereitung

1 Das überschüssige Wasser aus den Pilzen ausdrücken. Die zähen Stiele abschneiden und wegwerfen, die Pilzkappen in dünne Scheiben schneiden.

2 Einen Wok auf hoher Stufe erhitzen und das Öl hineingießen. Das Schweinefleisch darin pfannenrühren, bis es gut gebräunt und gar ist.

3 Dunkle Sojasauce, Bambussprossen, Pilze und Salz zugeben. Bei großer Hitze 3 Minuten braten.

4 Die Garnelen zugeben und 2 Minuten garen, bis sie rosa werden und sich einzurollen beginnen. Die Bohnensprossen hinzufügen und alles 1 weitere Minute garen. Vom Herd nehmen, die Frühlingszwiebel einrühren und abkühlen lassen.

5 Je 1 Esslöffel der Mischung auf den Teighüllen verteilen. Den Rand des Teigblatts über die Füllung schlagen, dann die Seiten so einschlagen, dass eine 10 cm große Frühlingsrolle entsteht. Weiter einrollen und mit dem Eiweiß versiegeln.

6 In einem großen Wok ausreichend Öl zum Frittieren auf 180–190 °C erhitzen (ein Brotwürfel sollte darin in 30 Sekunden bräunen). Die Frühlingsrollen portionsweise 5 Minuten frittieren, bis sie gleichmäßig goldbraun und knusprig sind.

Fajitas mit Schwein & Chili

Für 4 Portionen   Vorbereitung: 20 Min.   Garzeit: 20–23 Min.

Zutaten

8–12 Weizenmehl-Tortillas

1 EL Chipotle-Chilipulver

2 TL Rohrzucker

1 TL Salz

1 TL gemahlener Kreuzkümmel

1 TL getrockneter Oregano

½ TL Knoblauchpulver

1 Schweinefilet

2 Speckscheiben

1 Zwiebel

1 rote Paprika

1 orange oder gelbe Paprika

1 EL Olivenöl

1 EL Knoblauchpüree

Zum Servieren

Salsa

gewürfelte Avocado

saure Sahne

2 Limetten, halbiert

frische Minzeblätter

Zubereitung

1 Den Backofen auf 200 °C vorheizen. Die Tortillas in Alufolie wickeln und im Ofen erwärmen. Chilipulver, Zucker, Salz, Kreuzkümmel, Oregano und Knoblauchpulver in einer kleinen Schüssel vermengen.

2 Das Schweinefilet in 5 mm dicke Scheiben und dann in 1 cm breite Streifen schneiden. Den Speck würfeln. Schweinefilet und Speck in einer Schüssel mit der Gewürzmischung vermengen. Die Zwiebel schälen, rote und orange Paprika entstielen und entkernen, dann alles in 1 cm breite Streifen schneiden.

3 Das Öl in einer großen Pfanne auf mittlerer bis hoher Stufe erhitzen. Schweinefilet und Speck in die Pfanne geben (falls die Pfanne zu voll wird, eventuell in zwei Portionen garen) und unter Rühren 4–5 Minuten braten, bis das Fleisch braun ist. Aus der Pfanne auf einen Teller füllen. Zwiebel, Paprika und Knoblauchpüree in die Pfanne geben und etwa 4 Minuten garen, bis das Gemüse weich wird. Das Fleisch zurück in die Pfanne füllen und durchgaren.

4 Sofort mit warmen Tortillas, Salsa, Avocado, saurer Sahne, Limetten und Minze servieren.

Lammkoteletts mit Chili

Für 4 Portionen   Vorbereitung: 15 Min.   Garzeit: 14–17 Min.

Zutaten

60 g frische glatte Petersilie,
Blätter abgezupft

2 Knoblauchzehen

Saft von 1 Zitrone

1–2 frische rote oder grüne Chilis

1 EL süßes Paprikapulver

4 EL Olivenöl

4 Lammkoteletts (5 cm dick)

Salz und Pfeffer

Pita-Brote, zum Servieren

Salat

1 Gurke

1 EL frische Petersilienblätter

225 g Cocktailtomaten

Saft von 1 Zitrone

½ TL Salz

Zubereitung

1 Petersilie, Knoblauch, Zitronensaft, Chilis, Paprika und 1 Teelöffel Salz in der Küchenmaschine pürieren. Das Öl zugeben und nochmals mixen. Die Lammkoteletts mit Pfeffer würzen und von beiden Seiten mit der Sauce bestreichen. Die übrige Sauce beiseitestellen.

2 Für den Salat die Gurke würfeln, die Petersilie fein hacken und die Tomaten halbieren. Alles in eine Schüssel füllen. Mit Zitronensaft und Salz vermengen und bis zum Servieren beiseitestellen.

3 Den Backofengrill vorheizen. Eine Grillpfanne auf mittlerer bis hoher Stufe erhitzen. Die Lammkoteletts hineinlegen und etwa 6 Minuten von jeder Seite braten, falls sie englisch gebraten sein sollen, etwas länger, wenn sie rosa sein sollen. Vom Herd nehmen und einige Minuten vor dem Servieren ruhen lassen. In der Zwischenzeit das Brot unter dem Grill aufwärmen. Die Lammkoteletts mit Pita-Broten, Salat und der restlichen Sauce servieren.

Fisch-Tacos mit Avocado-Salsa

Für 4 Portionen   Vorbereitung: 20 Min.   Garzeit: 10–15 Min.

Zutaten

Salsa

½ rote Zwiebel, gewürfelt

2 Jalapeño-Chilis, entkernt
und gewürfelt

2 Tomaten, gewürfelt

½ Avocado, gewürfelt

2 EL frisch gehackter Koriander

3 EL Limettensaft

½ TL Salz

Fisch

2 EL Limettensaft

1 EL Olivenöl

1 TL gemahlener Kreuzkümmel

1 TL Chilipulver

½ TL Salz

400 g weißes Fischfilet

Zum Servieren

8 kleine Maismehl-Tortillas (à 25 g)

300 g Rotkohl, fein gehobelt

Zubereitung

1 Alle Zutaten für die Salsa in einer Schüssel gut verrühren.

2 Den Backofengrill oder eine Grillpfanne bei mittlerer bis hoher Temperatur erhitzen. In einer kleinen Schüssel Limettensaft, Olivenöl, Kreuzkümmel, Chilipulver und Salz mischen.

3 Die Fischfilets auf beiden Seiten mit der Marinade bestreichen. Von jeder Seite 2–4 Minuten grillen, bis der Fisch gar ist und nicht mehr glasig aussieht. In mundgerechte Stücke schneiden.

4 Zum Servieren inzwischen die Tortillas unter dem Grill erwärmen. Mit Fisch, Salsa und gehobeltem Rotkohl füllen. Sofort servieren. Die restliche Salsa separat dazureichen.

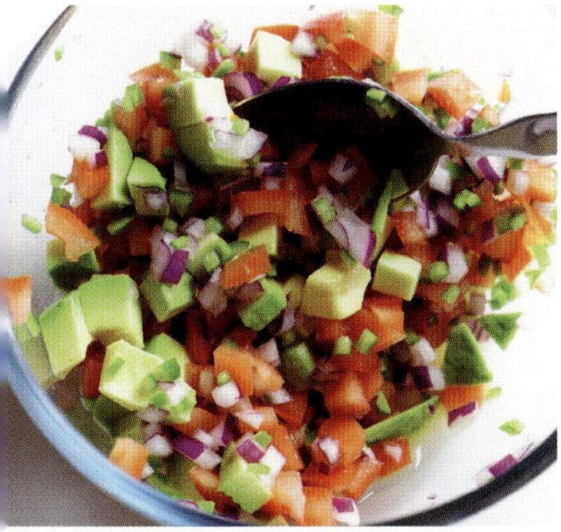

2

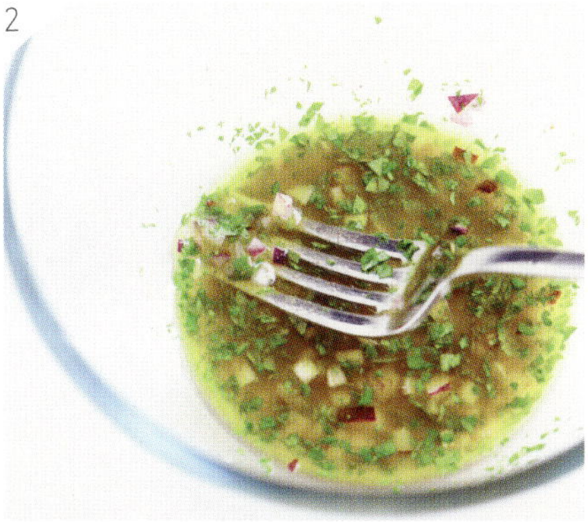

3

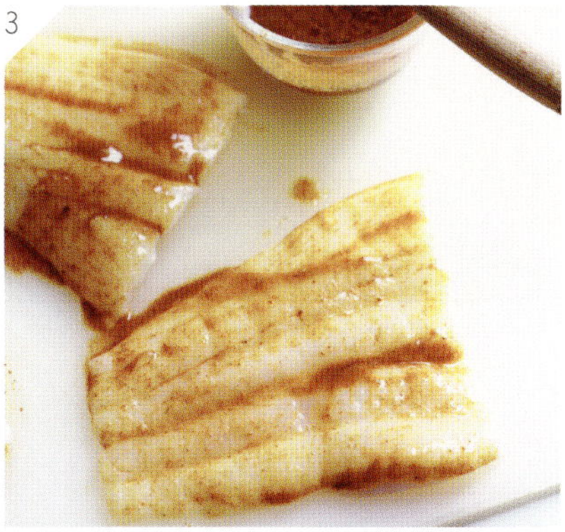

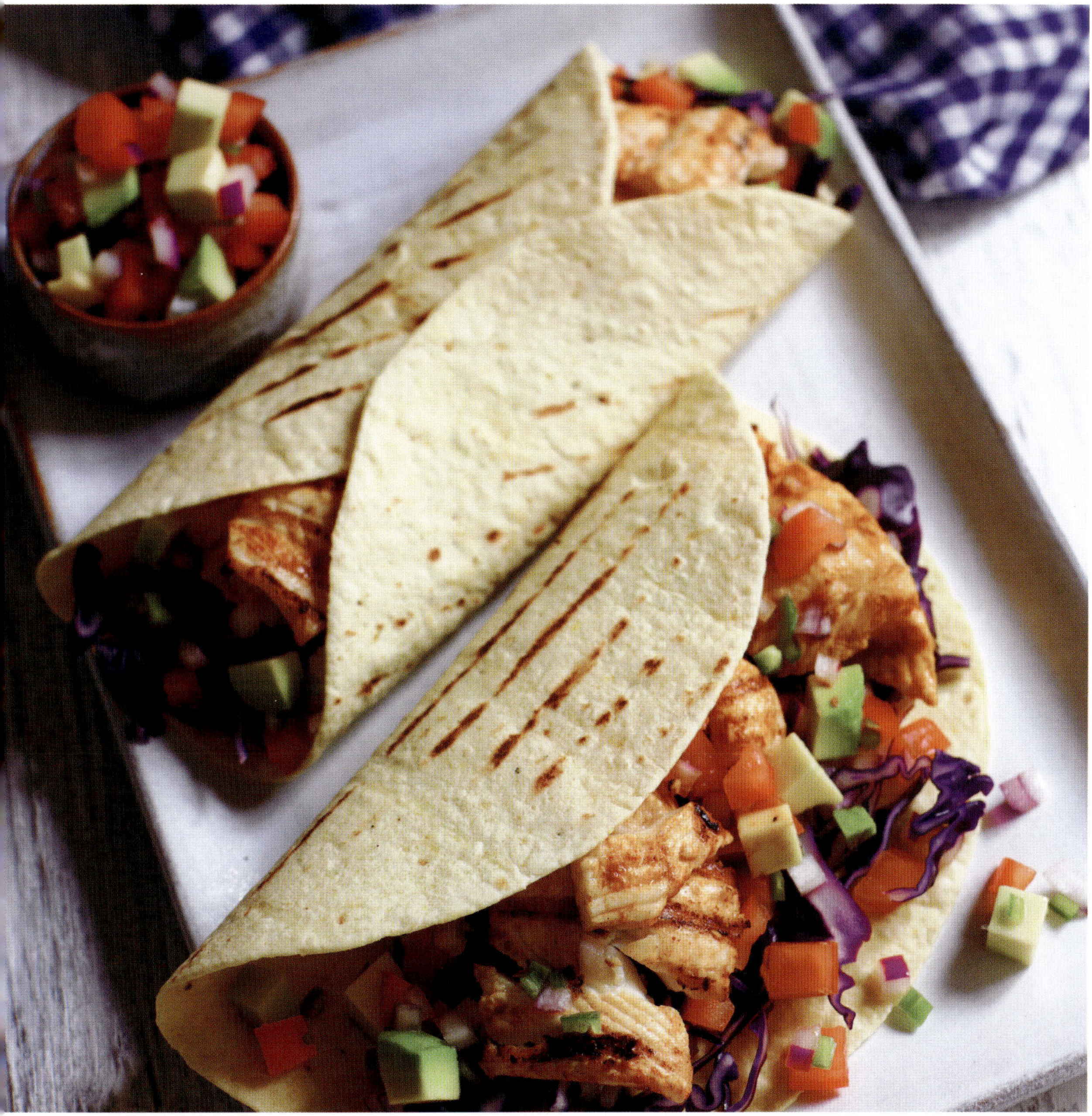

Kabeljaufrikadellen

Für 4 Portionen   Vorbereitung: 15–20 Min.   Garzeit: 17–20 Min.

Zutaten

450 g Kabeljaufilet ohne Haut

450 g Kartoffelpüree

4 Frühlingszwiebeln, fein gehackt

2 EL fein gehackte Petersilie

1 Ei (Größe S), verquirlt

Mehl, zum Bestäuben

Sonnenblumenöl, zum Braten

Salz und Pfeffer

grünes Gemüse und Zitronenspalten,
zum Servieren

Zubereitung

1 Das Kabeljaufilet in einen großen Topf geben und so viel kochendes Wasser hinzufügen, dass es vollständig bedeckt ist. Kurz aufkochen, dann die Hitze reduzieren, den Deckel aufsetzen und 4–5 Minuten köcheln, bis der Fisch leicht in Stücke zerfällt. Die Fischstücke gut abtropfen lassen.

2 Fisch, Kartoffelpüree, Frühlingszwiebeln, Petersilie und Ei in eine große Schüssel geben. Mit Salz und Pfeffer würzen und gut vermengen.

3 Aus der Masse acht Kugeln formen. Auf einer mit Mehl bestäubten Arbeitsfläche flach drücken und zu Frikadellen formen.

4 Öl in einer Pfanne auf hoher Stufe erhitzen, bis es sehr heiß ist. Jeweils vier Frikadellen 6–8 Minuten braten, bis sie goldbraun sind, dabei einmal wenden. Auf Küchenpapier abtropfen und warm halten.

5 Die Frikadellen auf vorgewärmte Teller legen, mit grünem Gemüse anrichten, mit Zitronenspalten garnieren und sofort servieren.

Gebackene Jakobsmuscheln

Für 4 Portionen   Vorbereitung: 20 Min.   Garzeit: 30 Min.

Zutaten

700 g ausgelöste Jakobsmuscheln, gehackt

2 Zwiebeln, fein gehackt

2 Knoblauchzehen, fein gehackt

3 EL frisch gehackte Petersilie

1 Prise frisch geriebene Muskatnuss

1 Prise gemahlene Gewürznelken

2 EL frische Semmelbrösel

2 EL Olivenöl

Salz und Pfeffer

Zubereitung

1 Den Backofen auf 200 °C vorheizen. Jakobsmuscheln, Zwiebeln, Knoblauch, 2 Esslöffel der Petersilie, Muskat, Nelken, Salz und Pfeffer in einer Schüssel vermischen.

2 Die Mischung auf vier gesäuberte Jakobsmuschelschalen oder ofenfeste Schälchen verteilen. Mit den Semmelbröseln und der restlichen Petersilie bestreuen und mit dem Olivenöl beträufeln.

3 Etwa 15–20 Minuten im Ofen goldgelb backen. Aus dem Ofen nehmen und sofort servieren.

Calamares

Für 6 Portionen   Vorbereitung: 15–20 Min.   Garzeit: 18–22 Min.

Zutaten

450 g küchenfertige Tintenfische, in Ringe geschnitten

Mehl, zum Bestäuben

Sonnenblumenöl, zum Frittieren

Salz

Zitronenspalten, zum Garnieren

Knoblauchmayonnaise, zum Servieren

Zubereitung

1 Den Tintenfisch in 1 cm dicke Ringe schneiden, große Tentakel halbieren. Unter fließend kaltem Wasser abspülen und sorgfältig mit Küchenpapier trocken tupfen. Gleichmäßig dünn mit Mehl bestäuben.

2 Den Backofen zum Warmhalten auf niedriger Stufe vorheizen. Reichlich Öl zum Frittieren in einer hochrandigen Pfanne mit dickem Boden auf 180–190 °C erhitzen (ein Brotwürfel sollte darin in 30 Sekunden bräunen). Die Tintenfischringe in kleinen Portionen 2–3 Minuten goldbraun frittieren, dabei mehrmals wenden. Nicht zu viele in die Pfanne geben.

3 Mit einem Schaumlöffel herausnehmen und auf Küchenpapier gut abtropfen lassen. Im vorgeheizten Backofen warm halten, bis alle Stücke frittiert sind.

4 Die frittierten Tintenfischringe mit Salz bestreuen, mit Zitronen-spalten garnieren und sofort mit Knoblauchmayonnaise servieren.

Garnelencocktail mit Wachteleiern

Für 4 Portionen   Vorbereitung: 20 Min.   Garzeit: 10 Min.

Zutaten

8 Wachteleier

6 EL Mayonnaise

3 EL griechischer Joghurt

2 EL Tomatenketchup

1 Spritzer Tabasco

2 TL Limettensaft

40 g pfeffrige Salatblätter (z. B. Rucola)

5-cm-Stück Salatgurke, fein gewürfelt

1 kleine, vollreife Avocado, geschält und in dünne Scheiben geschnitten

225 g gegarte Riesengarnelen, ausgelöst und Darmfäden entfernt, aber mit Schwanzenden

Salz und Pfeffer

Limettenspalten und frische Dillspitzen, zum Garnieren

Zubereitung

1 In einem kleinen Topf Wasser zum Kochen bringen, dann die Temperatur reduzieren. Die Wachteleier vorsichtig hineinlegen und 5 Minuten köcheln lassen. Abgießen, unter kaltem Wasser abschrecken und abkühlen lassen. Dann schälen und beiseitestellen.

2 Für das Dressing Mayonnaise, Joghurt, Ketchup, Tabasco und Limettensaft in einer Schüssel gut verrühren. Mit Salz und Pfeffer würzen.

3 Die Salatblätter auf vier große Wein- oder Cocktailgläser verteilen und mit den Gurkenwürfeln bestreuen. Die Eier halbieren und mit Avocadoscheiben und Garnelen auf den Salat geben. Acht Garnelen zum Garnieren beiseitelegen.

4 Das Dressing auf den Salat geben. Mit den restlichen Garnelen, Limettenspalten und Dill garnieren und servieren.

Krebs-Wantans

Ergibt: 20 Stück

Vorbereitung: 20 Min. plus Kühlzeit

Garzeit: 17 Min.

Zutaten

1 EL Erdnuss- oder Pflanzenöl, plus Öl zum Frittieren

2,5-cm-Stück Ingwerwurzel, fein gehackt

¼ rote Paprika, fein gehackt

1 Handvoll frischer Koriander, gehackt

¼ TL Salz

150 g weißes Krebsfleisch aus der Dose, abgetropft

20 Wantan-Hüllen

Wasser, zum Bestreichen

süße Chilisauce, zum Servieren

Zubereitung

1 Einen Wok auf hoher Stufe erhitzen und das Öl hineingießen. Ingwer und Paprika darin 30 Sekunden pfannenrühren.

2 Den Koriander zugeben und alles gut vermischen. Abkühlen lassen, dann Salz und Krebsfleisch zufügen und nochmals gut durchmischen. In der Zwischenzeit die Wantan-Hüllen aus der Packung nehmen, jedoch im Stapel belassen und mit einem feuchten Küchentuch abdecken, damit sie nicht austrocknen.

3 Eine Wantan-Hülle als Raute auf die Arbeitsplatte legen und die Ränder mit etwas Wasser anfeuchten. 1 Teelöffel der Krebsmischung in die Mitte der Teighülle setzen und eine Hälfte so darüberfalten, dass ein Dreieck entsteht.

4 Die Ränder zusammendrücken, um das Päckchen gut zu verschließen, dann eine kleine Tasche formen, indem alle Ecken zur Mitte hin gefaltet werden. Falls notwendig, die Ecken anfeuchten, damit sie besser haften. Den Vorgang wiederholen, bis Krebsmischung und alle Wantan-Hüllen verarbeitet sind.

5 Ausreichend Öl zum Frittieren in einem Wok auf 180–190 °C erhitzen (ein Brotwürfel sollte darin in 30 Sekunden bräunen). Die Wantans portionsweise hineingeben und 45–60 Sekunden frittieren, bis sie rundherum knusprig und goldbraun sind. Mit einem Schaumlöffel herausheben, auf Küchenpapier abtropfen lassen. Warm stellen, während die restlichen Wantans frittiert werden. Sofort mit süßer Chilisauce zum Dippen servieren.

Tempura mit Meeresfrüchten

Für 6 Portionen   Vorbereitung: 15 Min.   Garzeit: 25–30 Min.

Zutaten

8 große, rohe Garnelen, ausgelöst und Darmfäden entfernt

150 g Tempura-Mehlmischung (Fertigprodukt)

8 Tintenfischringe, küchenfertig

4 frische Jakobsmuscheln, ausgelöst und gesäubert

200 g festes weißes Fischfilet, in Streifen geschnitten

Pflanzenöl, zum Frittieren

einige Tropfen Sesamöl

Shoyu (japanische Sojasauce), zum Servieren

Zubereitung

1 Die Garnelen auf der Unterseite einschneiden, damit sie sich beim Frittieren nicht einrollen.

2 Den Teig gemäß Packungsanweisung in einer großen Schüssel anrühren. Er sollte etwas klumpig und voller Luftblasen sein. Den Teig nicht glatt rühren, sonst wird er zäh. Sofort verarbeiten, bevor sich die Feststoffe absetzen. Alle Meeresfrüchte und Fischstücke in den Teig geben.

3 Das Pflanzenöl in einer großen Pfanne auf 180–190 °C erhitzen (ein Brotwürfel sollte darin in 30 Sekunden bräunen). Das Sesamöl zugeben.

4 Jeweils 5–6 Tempura-Stücke 2–3 Minuten hell goldbraun frittieren. Nicht zu viele Stücke gleichzeitig in die Pfanne geben. Mit einem Schaumlöffel herausnehmen und 30 Sekunden auf Küchenpapier abtropfen lassen. Sofort mit Sojasauce zum Dippen servieren.

Variation

Der leichte, knusprige Teig eignet sich auch gut für Gemüse, z. B. Süßkartoffeln und Zucchini. Dieses in Scheiben schneiden, in den Teig tauchen und frittieren. Mit reichlich frischen Kräutern und Zitrone garnieren.

FLEISCH & GEFLÜGEL

Geschmorte Hähnchenkeulen

Für 4 Portionen   Vorbereitung: 20 Min.   Garzeit: 23–25 Min.

Zutaten

2 EL Olivenöl, plus etwas mehr bei Bedarf

1 kleine Zwiebel

450 g Rosenkohl

450 g kleine neue rotschalige Kartoffeln

12 Babykarotten

1 Fenchelknolle

4 Hähnchenkeulen ohne Haut

4 EL Dijon-Senf

4 EL flüssiger Honig

1 EL Weißweinessig

2 TL Knoblauchpüree

¼–½ TL Cayennepfeffer

50 ml Hühnerbrühe oder Wasser

1 EL frische Oreganoblätter

50 ml trockener Weißwein

Salz und Pfeffer

Zubereitung

1 Den Backofen auf 240 °C vorheizen. Das Öl in einer großen ofenfesten Pfanne erhitzen. Die Zwiebel hacken und in die Pfanne geben. Den Rosenkohl säubern und die Röschen vierteln. In die Pfanne geben und umrühren. Die Kartoffeln waschen, vierteln und zugeben. Die Karotten schälen, in die Pfanne geben und umrühren. Den Fenchel säubern, vierteln und den Strunk entfernen. In feine Spalten schneiden und in die Pfanne geben.

2 Die Hähnchenkeulen großzügig mit Salz und Pfeffer bestreuen. Das Gemüse in der Pfanne zur Seite schieben. Bei Bedarf etwas mehr Öl in die Pfanne gießen. Die Hähnchenkeulen hineingeben und 2–3 Minuten anbraten, bis sie braun sind, dann wenden. In der Zwischenzeit Senf, Honig, Essig, Knoblauchpüree, 1 Teelöffel Salz, Cayennepfeffer und Brühe in einer Schale verrühren. Über die gewendeten Hähnchenkeulen und das Gemüse gießen. Den Oregano darüberstreuen.

3 Die Pfanne in den vorgeheizten Ofen stellen und 20 Minuten garen, bis das Gemüse weich ist und die Hähnchenkeulen durchgegart sind. Die Pfanne aus dem Ofen nehmen und den Wein zugießen, das Gemüse umrühren und den Bodensatz lösen. Sofort auf vorgewärmten Tellern servieren.

Variation

Um dem Gericht eine spanische Note zu geben, ersetzen Sie Rosenkohl, Kartoffeln und Karotten durch in Streifen geschnittene rote Paprika, Bohnen und dicke Chorizo-Scheiben. Mit ein wenig geräuchertem Paprikapulver anstelle des Dijon-Senfs erreichen Sie ein authentisches spanisches Aroma.

Penne mit Hähnchen & Sahnesauce

Für 2 Portionen   Vorbereitung: 10 Min.   Garzeit: 16–19 Min.

Zutaten

200 g Penne

1 EL Olivenöl

2 Hähnchenbrustfilets

4 EL trockener Weißwein

120 g Erbsen, Tiefkühlware aufgetaut

5 EL Schlagsahne

Salz

4–5 EL frisch gehackte Petersilie, zum Garnieren

Zubereitung

1 Die Penne in einem Topf mit leicht gesalzenem Wasser 8–10 Minuten garen, bis sie al dente sind.

2 Unterdessen das Öl in einer Pfanne auf mittlerer Stufe erhitzen. Die Hähnchenbrustfilets zugeben und unter einmaligem Wenden 8–10 Minuten braten, bis sie gar sind (beim Einstechen in die dickste Stelle sollte klarer Fleischsaft austreten).

3 Den Wein in die Pfanne gießen und bei starker Hitze verkochen lassen.

4 Die Penne abtropfen lassen. Erbsen, Sahne und Nudeln zum Fleisch in die Pfanne geben und alles gut vermengen. Abdecken und 2 Minuten köcheln lassen.

5 Auf vorgewärmten Tellern anrichten. Mit der frisch gehackten Petersilie garnieren und sofort servieren.

Gefüllte Hähnchenbrustfilets

Für 4 Portionen   Vorbereitung: 15–20 Min.   Garzeit: 15–20 Min.

Zutaten

4 Hähnchenbrustfilets

4 TL Pesto

125 g Mozzarella

4 feine Scheiben Parmaschinken

250 g Cocktailtomaten, halbiert

75 ml trockener Weißwein
oder Hühnerbrühe

1 EL Olivenöl

Salz und Pfeffer

frisches Ciabatta, zum Servieren

Zubereitung

1 Den Backofen auf 220 °C vorheizen. Die Hähnchenbrustfilets auf ein Schneidebrett legen und mit einem scharfen Messer waagerecht tiefe Taschen einschneiden. Je 1 Teelöffel Pesto in den Taschen verstreichen.

2 Den Mozzarella in 4 gleich große Scheiben schneiden und in die Taschen geben.

3 Zum Einschließen der Füllung je 1 Scheibe Schinken um die Hähnchenbrustfilets wickeln und die Enden unten einschlagen. Die Filets in eine flache Auflauf- oder Bratform legen und die Tomatenhälften darauf verteilen. Salzen und pfeffern. Den Wein zugießen und mit dem Olivenöl beträufeln.

4 Im vorgeheizten Ofen 15–20 Minuten braten. Zur Garprobe das Fleisch in der Mitte einschneiden. Es darf nicht mehr rosa oder rot aussehen, und der Fleischsaft sollte klar und dampfend heiß sein.

5 Die Hähnchenbrustfilets diagonal halbieren. Mit den Tomaten auf Serviertellern anrichten und etwas Bratensaft darübergießen. Sofort mit Ciabattascheiben servieren.

Hühnerfrikassee mit Knödeln

Für 4 Portionen   Vorbereitung: 10 Min.   Garzeit: 25–35 Min.

Zutaten

2 EL Olivenöl

1 große Zwiebel

2 Selleriestangen

2 Karotten

1 EL frische Thymianblätter

1 TL Salz

½ TL Pfeffer

4 EL Butter

60 g Mehl

2 EL Milch

1,4 l Hühnerbrühe

1 gegrilltes Hähnchen

150 g Erbsen, Tiefkühlware aufgetaut

2 EL frische Petersilienblätter, zum Garnieren

Knödel

2 EL Butter

30 g frischer Schnittlauch

250 g Mehl

2 TL Backpulver

1 TL Salz

225 ml Milch

Zubereitung

1 Das Öl in einem großen, schweren Topf auf mittlerer Stufe erhitzen. Zwiebel, Sellerie und Karotten würfeln und in den Topf geben. Unter Rühren 3 Minuten dünsten, bis die Zwiebel glasig ist. Thymian, Salz und Pfeffer zufügen und 1 weitere Minute dünsten. Die Butter zugeben und zerlassen, das Gemüse beiseiteschieben, dann das Mehl in die Butter rühren. Garen, bis die Mehl-Butter-Mischung bräunt. Die Milch einrühren und die Brühe zugießen. Aufkochen und etwa 10 Minuten auf mittlerer Stufe köcheln lassen. In der Zwischenzeit das Hähnchenfleisch von den Knochen lösen und klein zupfen.

2 Für die Knödel die Butter in eine mikrowellengeeignete Form geben. Abdecken und 30 Sekunden auf niedriger Stufe erhitzen, bis sie zerlassen ist. Den Schnittlauch fein hacken. Mehl, Backpulver und Salz in einer Schüssel vermengen. Butter, Milch und Schnittlauch unterrühren.

3 Hähnchenfleisch und Erbsen in den Topf rühren und dann kleine Löffelportionen Knödelteig darauflegen. Abdecken und 12–15 Minuten kochen, bis die Knödel gar sind. Inzwischen die Petersilie fein hacken. Frikassee und Knödel mit einer Kelle auf tiefe Teller oder Schalen verteilen. Mit Petersilie garnieren und sofort servieren.

Hähnchen-Gumbo nach Cajun-Art

Für 2 Portionen   Vorbereitung: 15 Min.   Garzeit: 25 Min.

Zutaten

1 EL Sonnenblumenöl

4 Hähnchenoberschenkel

1 kleine Zwiebel, gewürfelt

2 Selleriestangen, gewürfelt

1 kleine grüne Paprika, gewürfelt

80 g Langkornreis

300 ml Hühnerbrühe

1 frischer roter Chili, in feine Ringe geschnitten

250 g Okras

1 EL Tomatenmark

Salz und Pfeffer

Zubereitung

1 Das Öl auf mittlerer Stufe in einer großen Pfanne erhitzen. Die Hähnchenoberschenkel hineingeben und goldbraun anbraten. Mit dem Schaumlöffel aus der Pfanne nehmen. Zwiebel, Sellerie und Paprika in die Pfanne geben und 1 Minute braten. Überschüssiges Fett abgießen.

2 Den Reis in die Pfanne geben und unter kräftigem Rühren 1 Minute braten. Die Brühe zugeben und aufkochen.

3 Chili und Okras mit dem Tomatenmark in die Pfanne geben. Mit Salz und Pfeffer würzen.

4 Die Hähnchenschenkel wieder in die Pfanne geben und umrühren. Den Deckel fest auflegen und alles 15 Minuten köcheln lassen, bis die ganze Flüssigkeit vom Reis aufgenommen wurde und das Hähnchenfleisch gar ist (beim Einstechen in die dickste Stelle sollte klarer Fleischsaft austreten). Ab und zu umrühren. Falls die Mischung zu trocken wird, noch etwas heißes Wasser nachgießen. Auf vorgewärmte Teller geben und sofort servieren.

Hähnchenbrust mit Parmesankruste

Für 4 Portionen   **Vorbereitung: 15 Min.**   **Garzeit: 20 Min.**

Zutaten

4 Hähnchenbrustfilets

5 EL Pesto

40 g Ciabatta, zerbröselt

25 g Parmesan, frisch gerieben

fein abgeriebene Schale
von ½ Zitrone

2 EL Olivenöl

Salz und Pfeffer

gegrillte Strauchtomaten,
zum Servieren

Zubereitung

1 Den Backofen auf 220 °C vorheizen. In jede Hähnchenbrust waagerecht eine Tasche schneiden. Je 1 Esslöffel Pesto in jede Tasche streichen und diese wieder zudrücken. Die Hähnchenbrüste in eine Auflaufform geben.

2 Den restlichen Pesto mit Ciabattabröseln, Parmesan und Zitronenschale verrühren. Die Mischung auf die Hähnchenbrüste streichen. Mit Salz und Pfeffer würzen und mit dem Öl beträufeln.

3 Im vorgeheizten Ofen 20 Minuten backen, bis das Hähnchenfleisch gar ist (beim Einstechen an der dicksten Stelle sollte klarer Fleischsaft austreten).

4 Die Hähnchenbrüste auf vorgewärmte Teller verteilen und sofort mit gegrillten Tomaten servieren.

Graupen-Risotto mit Pute

Für 4 Portionen   Vorbereitung: 10 Min.   Garzeit: 33–35 Min.

Zutaten

15 g getrocknete Steinpilze

1 Zwiebel

450 g kleine Champignons

4 Karotten

2 EL Olivenöl

1 TL Salz

½ TL Pfeffer

200 g Graupen

600 ml Gemüsebrühe, Hühnerbrühe oder Wasser

1 EL frische Thymianblätter

450 g Putenbrustfilet

50 g Parmesan, frisch gerieben

2 EL frisch gehackte Petersilie

Zubereitung

1 Die Steinpilze in einer kleinen Schüssel mit heißem Wasser bedecken. Die Zwiebel schälen und würfeln. Champignons und Karotten in Scheiben schneiden. Das Öl in einem großen Topf auf mittlerer bis hoher Stufe erhitzen. Die Zwiebel hineingeben und unter häufigem Rühren 4 Minuten dünsten, bis sie weich ist. Champignons und Karotten zufügen und mit Salz und Pfeffer würzen. Weitere 4 Minuten garen und gelegentlich umrühren, bis das Gemüse gar ist. Die Graupen zufügen und sorgfältig unterrühren. Anschließend die Brühe zugießen.

2 Die Steinpilze aus dem Wasser nehmen (das Wasser nicht weggießen) und hacken. Steinpilze und Einweichwasser in den Topf geben und zum Kochen bringen. In der Zwischenzeit den Thymian fein hacken und in den Topf geben. Den Herd auf kleinste Stufe stellen und alles weitere 5 Minuten ohne Deckel köcheln.

3 In der Zwischenzeit die Putenbrust in 1 cm große Würfel schneiden. In den Topf geben, umrühren und den Deckel auflegen. 15 Minuten köcheln, bis das Putenfleisch durchgegart ist, die Graupen zart sind und der größte Teil der Flüssigkeit aufgesogen ist. Das Gericht in tiefe Teller geben und mit Parmesan und Petersilie garniert servieren.

Putenschnitzel mit Parmaschinken & Salbei

Für 2 Portionen   Vorbereitung: 15 Min.   Garzeit: 4–5 Min.

Zutaten

2 Putenschnitzel

2 Scheiben Parmaschinken, halbiert

4 frische Salbeiblätter

2 EL Mehl

2 EL Olivenöl

1 EL Butter

Salz und Pfeffer

Zitronenspalten, zum Servieren

Zubereitung

1 Die Putenschnitzel jeweils waagerecht halbieren. Jedes Schnitzel zwischen zwei Lagen Frischhaltefolie geben und leicht mit einer Teigrolle plattieren. Mit Salz und Pfeffer bestreuen. Je eine halbe Scheibe Parmaschinken auf jedes Schnitzel legen, ein Salbeiblatt daraufgeben und mit einem kleinen Holzspieß feststecken.

2 Das Mehl in eine flache Schüssel geben und mit Salz und Pfeffer würzen. Die Schnitzel von beiden Seiten im Mehl wenden.

3 Das Öl in einer großen Pfanne erhitzen. Die Butter zugeben und zerlassen, bis sie schäumt. Die Schnitzel, gegebenenfalls portionsweise, bei mittlerer Hitze 1½ Minuten mit der Salbeiseite nach unten braten. Wenden und etwa 30 Sekunden braten, bis die Schnitzel gar und zart sind (beim Einstechen sollte der austretende Fleischsaft klar sein).

4 Die Schnitzel auf vorgewärmte Teller geben und mit Zitronenspalten garniert servieren.

Rahmgnocchi mit Pute & Brokkoli

Für 4 Portionen   Vorbereitung: 15 Min.   Garzeit: 8 Min.

Zutaten

1 EL Sonnenblumenöl

500 g Putenbruststreifen

2 Porreestangen, schräg in Ringen

500 g frische Gnocchi (Fertigprodukt)

200 g Brokkoli, in Röschen zerteilt

80 g Crème fraîche

1 EL körniger Senf

3 EL Orangensaft

Salz und Pfeffer

3 EL geröstete Pinienkerne, zum Servieren

Zubereitung

1 Das Öl in einem Wok oder einer großen Pfanne erhitzen. Fleisch und Porree darin bei starker Hitze 5–6 Minuten pfannenrühren.

2 In der Zwischenzeit Gnocchi und Brokkoli in kochendem Salzwasser 3–4 Minuten garen. Gnocchi und Brokkoli abgießen und unter die Putenmischung rühren.

3 Crème fraîche, Senf und Orangensaft in einer kleinen Schüssel verrühren. Mit Salz und Pfeffer abschmecken und in den Wok geben.

4 Mit den Pinienkernen bestreuen und servieren.

Ente honigsüß

Für 4 Portionen   Vorbereitung: 10–15 Min.   Garzeit: 6–8 Min.

Zutaten

4 Entenbrüste ohne Haut

1 EL Olivenöl

1 Bund Frühlingszwiebeln, diagonal in Ringe geschnitten

1 kleiner Chinakohl, in feine Streifen geschnitten

Salz und Pfeffer

Marinade

2 EL flüssiger Honig

4 EL Sojasauce

Zubereitung

1 Die Entenbrüste in dünne Streifen schneiden und in eine flache Schüssel legen. Die Zutaten für die Marinade verrühren, über das Fleisch gießen und vermengen.

2 Einen Wok auf mittlerer Stufe erhitzen und das Öl hineingießen. Die Entenbruststreifen zufügen (die Marinade aufheben) und 2 Minuten pfannenrühren, bis das Fleisch gebräunt ist.

3 Frühlingszwiebeln, Chinakohl und die zurückbehaltene Marinade zufügen. 3–4 Minuten braten, bis die Entenbrust gar ist, aber noch einen rosa Kern aufweist.

4 Mit Salz und Pfeffer würzen und sofort servieren.

Marokkanische Fleischbällchen

Für 4 Portionen   Vorbereitung: 20–25 Min.   Garzeit: 15 Min.

Zutaten

Olivenöl, zum Sprühen

1 kleine Zwiebel

1 Knoblauchzehe

450 g Lammhackfleisch

1½ TL gemahlener Kreuzkümmel

1 TL Salz

½ TL Pfeffer

¼ TL Zimt

1 Ei

10 g frische Semmelbrösel

4 Pita-Brote

Joghurt-Minze-Sauce

10 g frische Minzeblätter

280 g Naturjoghurt

Saft von ½ Zitrone

½ TL Salz

etwas Cayennepfeffer

Salat

1 Salatgurke

150 g Cocktailtomaten

Saft von 1 Zitrone

2 EL frische glatte Petersilienblätter

½ TL Salz

Zubereitung

1 Den Backofen auf 190 °C vorheizen und ein großes Backblech mit Öl einsprühen. Zwiebel und Knoblauch schälen und fein hacken. Hackfleisch, Zwiebel, Knoblauch, Kreuzkümmel, Salz, Pfeffer, Zimt, Ei und Semmelbrösel in eine große Schüssel geben, sorgfältig vermengen und zu 2,5 cm großen Fleischbällchen formen. Die Fleischbällchen auf das vorbereitete Backblech legen und mit Olivenöl besprühen. 15 Minuten im vorgeheizten Ofen backen, bis sie gar sind.

2 In der Zwischenzeit die Pita-Brote in Alufolie einwickeln und in den Ofen legen. Für die Sauce die Minze fein hacken. Mit den anderen Zutaten in eine Schüssel geben und sorgfältig umrühren. Für den Salat die Gurke würfeln, die Tomaten halbieren und in eine mittelgroße Schüssel geben. Die Petersilie hacken, mit Zitronensaft und Salz in die Schüssel geben und alles gut vermengen.

3 Fleischbällchen und Pita-Brote aus dem Ofen nehmen. Die Pita-Brote halbieren. Einige Lammbällchen in jede Hälfte füllen und etwas Sauce hineinlöffeln. Pro Person zwei Hälften servieren und den Salat dazureichen.

Schnelle Spaghetti bolognese

Für 4 Portionen   Vorbereitung: 15 Min.   Garzeit: 30 Min.

Zutaten

2 EL Olivenöl

1 große Zwiebel, gehackt

500 g mageres Rinderhackfleisch

1 grüne Paprika, gehackt

1 Knoblauchzehe, zerdrückt

150 ml Rotwein oder Rinderbrühe

400 g gehackte Eiertomaten
aus der Dose

2 EL Tomatenmark

1 EL getrockneter Oregano

200 g Spaghetti

Salz und Pfeffer

frisch geriebener Parmesan,
zum Servieren

Zubereitung

1 Das Öl in einem großen Topf auf hoher Stufe erhitzen. Zwiebel und Hackfleisch zugeben und unter Rühren leicht anbräunen. Das Fleisch sollte innen nicht mehr rosa sein. Paprika und Knoblauch zugeben.

2 Dann Wein, Tomaten, Tomatenmark und Oregano einrühren. Aufkochen und 2 Minuten stark kochen. Die Hitze reduzieren, den Topf abdecken und alles 20 Minuten unter gelegentlichem Rühren köcheln lassen.

3 Unterdessen die Spaghetti in einem Topf mit leicht gesalzenem Wasser 8–10 Minuten garen, bis sie al dente sind. Abgießen, abtropfen lassen und wieder in den Topf geben.

4 Die Bolognesesauce mit Salz und Pfeffer würzen. Über die Spaghetti geben und vermengen. Sofort mit Parmesan servieren.

Schnelles Rinderragout

Für 4 Portionen   Vorbereitung: 15 Min.   Garzeit: 30 Min.

Zutaten

900 g Rindfleisch zum Kurzbraten,
in Streifen geschnitten

3 EL Mehl

2 EL Olivenöl

1 große Zwiebel

2 Knoblauchzehen

225 ml Rotwein

450 g Champignons

450 g neue Kartoffeln

4 Karotten

2 Selleriestangen

1 EL frische Thymianblätter

700 ml Rinderbrühe

3 EL Tomatenmark

2 EL frisch gehackte Petersilie

Salz und Pfeffer

knuspriges Brot, zum Servieren

Zubereitung

1 Die Rindfleischstreifen mit ½ Teelöffel Salz und ½ Teelöffel Pfeffer würzen. Dann im Mehl wenden. Das Öl in einem großen, schweren Topf auf mittlerer bis hoher Stufe erhitzen. Das Fleisch hineingeben und unter häufigem Rühren 4 Minuten bräunen. In der Zwischenzeit die Zwiebel schälen und würfeln, den Knoblauch schälen und fein hacken. Beides in den Topf geben und 2–3 Minuten dünsten, bis die Zwiebel weich wird. Den Wein zugießen und zum Kochen bringen. Umrühren und dabei den Bratensatz vom Topfboden lösen.

2 In der Zwischenzeit die Champignons säubern und vierteln. Kartoffeln, Karotten und Sellerie putzen und würfeln. Den Thymian fein hacken. Das Gemüse mit 1 Teelöffel Salz, ½ Teelöffel Pfeffer, Brühe, Tomatenmark und Thymian in den Topf geben. Aufkochen, dann auf kleine Stufe stellen. Den Deckel auflegen und etwa 15 Minuten schmoren, bis das Gemüse gar ist.

3 Den Deckel vom Topf nehmen und noch weitere 5 Minuten köcheln, bis die Sauce leicht angedickt ist. Dann die Petersilie einrühren und das Ragout heiß servieren. Dazu knuspriges Brot zum Auftunken der Sauce reichen.

Cheeseburger

Für 4 Portionen   Vorbereitung: 15 Min.   Garzeit: 10–12 Min.

Zutaten

750 g Rinderhackfleisch

1 Würfel Rinderbrühe

2 EL Zwiebelpulver

2 EL frisch gehacktes Basilikum

2 große Tomaten, gehäutet,
entkernt und gehackt

2 EL Wasser

50 g mittelalter Gouda, gerieben

frische Basilikumstängel,
zum Garnieren

Zum Servieren

4 Burgerbrötchen

Senf

Ketchup

Zubereitung

1 Den Backofengrill auf mittlerer Stufe vorheizen. Das Hackfleisch in eine große Schüssel geben. Den Brühwürfel darüber zerbröseln, Zwiebelpulver, Basilikum, Tomaten und Wasser zugeben und alles gut vermengen.

2 Das Fleisch in vier Portionen teilen, jede Portion zu einer Kugel formen und diese dann zu einem Burger flach drücken.

3 Die Burger 5–8 Minuten grillen, dann wenden, mit dem Käse bestreuen und nochmals 5–8 Minuten grillen. Das Fleisch muss durchgegart sein!

4 Die fertigen Burger auf die unteren Hälften der Brötchen geben und dann die oberen Hälften darauflegen. Mit Basilikum garnieren und sofort mit Senf und Ketchup servieren.

Pikantes Rindfleisch mit Sesam

Für 4 Portionen   Vorbereitung: 15 Min.   Garzeit: 13–15 Min.

Zutaten

200 g Basmatireis

500 g Rinderfilet, in dünnen Streifen

1½ EL Sesamsaat

125 ml Rinderbrühe

2 EL Sojasauce

2 EL frisch geriebene Ingwerwurzel

2 Knoblauchzehen, zerdrückt

1 TL Speisestärke

½ TL Chiliflocken

3 EL Sesamöl

1 großer Brokkoli, in Röschen

1 gelbe Paprika, in dünnen Streifen

1 frischer roter Chili, in feinen Ringen

1 EL Chiliöl (oder nach Belieben)

Salz und Pfeffer

1 EL frisch gehackter Koriander, zum Garnieren

Zubereitung

1 Den Reis in einem Topf mit leicht gesalzenem Wasser 10–12 Minuten kochen, bis er gar ist. Dann abgießen und abtropfen lassen.

2 Unterdessen das Rindfleisch mit Sesamsaat in einer Schüssel vermengen.

3 Brühe, Sojasauce, Ingwer, Knoblauch, Stärke und Chiliflocken in einer zweiten Schüssel verrühren.

4 Einen Wok oder eine große Pfanne auf hoher Stufe erhitzen. 1 Esslöffel Sesamöl hineingießen und sehr heiß werden lassen. Das Fleisch zugeben und pfannenrühren, bis es angebräunt ist. Herausnehmen und beiseitestellen, den Wok mit Küchenpapier auswischen.

5 Das verbliebene Sesamöl in den Wok gießen. Brokkoli, Paprika, Chili und Chiliöl hineingeben und 2–3 Minuten pfannenrühren. Die Brühemischung zugeben, den Wok abdecken und alles 2 Minuten köcheln lassen.

6 Das Fleisch wieder in den Wok geben und alles unter gelegentlichem Rühren kochen, bis die Mischung andickt. 1–2 Minuten weiterkochen, mit dem restlichen Sesam bestreuen und mit Salz und Pfeffer würzen.

7 Den Reis auf vorgewärmte Servierschalen verteilen und das Rind mit dem Gemüse darübergeben. Mit dem gehackten Koriander garnieren und sofort servieren.

Steak mit Chimichurri

Für 4 Portionen   Vorbereitung: 15–20 Min.   Garzeit: 15 Min.
plus Ruhezeit

Zutaten

675–900 g Rinderhüftsteak

4 frische Maiskolben

1 Schalotte

3 Knoblauchzehen

4 EL Sherry-Essig

60 g frische glatte Petersilie

1 EL frische Oreganoblätter

½ TL zerstoßene Chiliflocken

125 ml Olivenöl

Saft von 1 Zitrone

Salz und Pfeffer

Zubereitung

1 Den Backofengrill auf mittlerer bis hoher Stufe vorheizen. Das Steakfleisch großzügig mit Salz und Pfeffer bestreuen. Die Maiskolben von den Blättern und Fäden befreien und einzeln in Alufolie wickeln.

2 Für die Chimichurri-Sauce Schalotte und Knoblauch schälen, fein hacken und mit Essig und 1 Teelöffel Salz in eine kleine Schüssel geben. Petersilie und Oregano fein hacken und mit den Chiliflocken in die Essigmischung geben. Das Öl mit dem Schneebesen einrühren. Dann den Zitronensaft unterrühren. Das Steak auf den Grillrost legen und von jeder Seite 8 Minuten grillen, wenn es englisch gewünscht wird, für halb durchgebraten 10–12 Minuten pro Seite grillen. Es sollte von beiden Seiten gut gebräunt sein. Die Maiskolben der Steak-Garzeit entsprechend zum Fleisch in den Ofen geben, mehrfach wenden und insgesamt 15 Minuten grillen.

3 Das Steak auf ein Schneidebrett legen und 4 Minuten ruhen lassen. Gegen die Faser in 5 mm dicke Scheiben schneiden. Das Fleisch mit der Sauce beträufeln und die Maiskolben dazu servieren.

Knusprige Orangen-Zitronen-Lammkoteletts

Für 2 Portionen   **Vorbereitung: 10 Min.**   **Garzeit: 10–12 Min.**

Zutaten

1 Knoblauchzehe, zerdrückt

1 EL Olivenöl

2 EL fein abgeriebene Schale
von 1 Orange

2 EL fein abgeriebene Schale
von 1 Zitrone

6 Lammkoteletts

Salz und Pfeffer

Orangenspalten, zum Garnieren

Zubereitung

1 Knoblauch, Öl und Zitrusschalen in eine Schüssel geben. Mit Salz und Pfeffer würzen und gut vermengen. Die Lammkoteletts damit bestreichen.

2 Eine Grillpfanne auf hoher Stufe erhitzen. Die Koteletts hineingeben und von beiden Seiten je 4–5 Minuten grillen.

3 Die fertig gegrillten Lammkoteletts auf vorgewärmte Teller geben. Mit Orangenspalten garnieren und sofort servieren.

Lamm-Burger mit Feta

Für 4–6 Portionen

Vorbereitung: 15 Min.
plus Ruhezeit

Garzeit: 12 Min.

Zutaten

500 g Lammhackfleisch

225 g Feta, zerkrümelt

2 Knoblauchzehen, zerdrückt

6 Frühlingszwiebeln, fein gehackt

80 g Backpflaumen, gehackt

25 g Pinienkerne, geröstet

50 g frische Vollkornsemmelbrösel

1 EL frisch gehackter Rosmarin

1 EL Sonnenblumenöl

Salz und Pfeffer

4–6 Hamburgerbrötchen, halbiert

Zubereitung

1 Hackfleisch, Feta, Knoblauch, Frühlingszwiebeln, Backpflaumen, Pinienkerne, Semmelbrösel, Rosmarin, Salz und Pfeffer in eine Schüssel geben und sorgfältig vermengen.

2 Aus der Masse 4–6 flache Bratlinge formen. Auf einen großen Teller legen, abdecken und 30 Minuten im Kühlschrank ziehen lassen.

3 Eine Grillpfanne auf hoher Stufe erhitzen. Wenn die Pfanne heiß ist, die Bratlinge mit Öl bestreichen und 4 Minuten von jeder Seite braten. Zwischen die Brötchenhälften legen und sofort servieren.

Lammkoftas mit Joghurtdip

Für 4 Portionen   Vorbereitung: 20 Min.   Garzeit: 12–14 Min.

Zutaten

500 g mageres Lammhackfleisch

25 g frische weiße Semmelbrösel

1 Zwiebel, gerieben

1 Knoblauchzehe, zerdrückt

1 TL gemahlener Koriander

1 TL gemahlener Kreuzkümmel

2 EL frisch gehackte Minze

Olivenöl, zum Bestreichen

Salz und Pfeffer

Zitronenspalten, zum Servieren

Joghurtdip

150 g Naturjoghurt

fein abgeriebene Schale
und Saft von ½ Zitrone

1 EL frisch gehackter Thymian

Salz und Pfeffer

Zubereitung

1 Hackfleisch, Semmelbrösel, Zwiebel, Knoblauch, Koriander, Kreuzkümmel und Minze in einer großen Schüssel sorgfältig vermengen. Großzügig salzen und pfeffern.

2 Die Masse in acht gleich große Portionen teilen und um Metallspieße oder in Wasser eingeweichte Holzspieße andrücken.

3 Für den Joghurtdip Joghurt, Zitronenschale und -saft in einer Schüssel verrühren. Den Thymian unterrühren und mit Salz und Pfeffer abschmecken.

4 Eine Grillpfanne auf mittlerer Stufe erhitzen, die Koftas mit Öl bestreichen und unter gelegentlichem Wenden 10–12 Minuten grillen, bis sie goldbraun und gar sind. Sofort mit Dip und Zitronenspalten servieren.

Schinken-Porree-Risotto

Für 4 Portionen   Vorbereitung: 10 Min.   Garzeit: 33–35 Min.

Zutaten

380 g Arborio-Reis

1 l Wasser

1 Schalotte

2 Stangen Porree, nur der weiße und hellgrüne Teil

350 g gekochter Schinken

30 g frische Petersilie

2 EL Olivenöl

4 EL trockener Weißwein

1 l Hühnerbrühe, plus etwas mehr bei Bedarf

150 g frisch gepalte junge Erbsen (oder Tiefkühlware aufgetaut)

30 g Butter

60 g Parmesan, frisch gerieben, plus etwas mehr zum Garnieren

Salz

Zubereitung

1   Den Reis unter fließend kaltem Wasser waschen. Dann mit dem Wasser und einer großzügigen Prise Salz in einen großen Topf geben. Auf hoher Stufe zum Kochen bringen, dann die Hitze verringern und 7 Minuten ohne Deckel köcheln lassen. In der Zwischenzeit die Schalotte schälen und würfeln, den Porree säubern und würfeln. Den gekochten Schinken ebenfalls würfeln. Die Petersilie fein hacken. Den Reis durch ein Sieb abgießen und beiseitestellen.

2   Das Öl in dem Topf erhitzen. Schinken, Schalotte und Porree in den Topf geben und unter Rühren 3 Minuten garen, bis das Gemüse weich und der Schinken braun wird. Mit dem Wein ablöschen und weitere 1–2 Minuten kochen. Reis, Brühe und ¼–½ Teelöffel Salz zufügen und zum Kochen bringen. Auf mittlere Stufe stellen und weitere 12 Minuten köcheln. Dabei gelegentlich umrühren, bis der größte Teil der Brühe verkocht ist.

3   Den Risotto probieren. Wenn der Reis noch nicht gar ist, ein wenig mehr Brühe zugeben und einige Minuten weiterkochen. Die Erbsen 4–5 Minuten vor Ende der Kochzeit zufügen. Butter und Käse unter den Risotto rühren. Mit Parmesan und gehackter Petersilie garnieren und servieren.

Spaghetti mit Speck & Croûtons

Für 2 Portionen   Vorbereitung: 15 Min.   Garzeit: 13–15 Min.

Zutaten

50 g Ciabatta vom Vortag

175 g Spaghetti

2 TL Olivenöl

150 g durchwachsener geräucherter Speck, gehackt

1 frischer Rosmarinzweig, Blätter im Mörser zerdrückt

15 g Butter

40 g Pinienkerne

2 Knoblauchzehen, zerdrückt

2–3 EL frisch gehackte glatte Petersilie

Salz und Pfeffer

Zubereitung

1   Das Brot in die Küchenmaschine oder den Mixer geben und zu groben Bröseln zerkleinern.

2   Die Spaghetti in einem großen Topf mit leicht gesalzenem Wasser 8–10 Minuten garen, bis sie al dente sind. Abgießen und abtropfen lassen.

3   Unterdessen das Öl in einer großen Pfanne erhitzen, Speck und Rosmarin zugeben und 2–3 Minuten leicht anbräunen. Mit dem Schaumlöffel herausnehmen und beiseitestellen.

4   Die Butter in die Pfanne geben und zerlassen. Dann Brotkrumen, Pinienkerne und Knoblauch zugeben. 2–3 Minuten unter Rühren goldbraun anbraten. Mit den Spaghetti vermengen, dann Speck und Rosmarin zugeben. Mit der Petersilie bestreuen und mit Salz und Pfeffer würzen.

5   Das Gericht auf vorgewärmte Teller geben und sofort servieren.

Pizza mit roter Paprika & Parmaschinken

Ergibt: 1 Pizza   Vorbereitung: 15 Min.   Garzeit: 10 Min.

Zutaten

2 EL Olivenöl

1 Pizzaboden (30 cm Ø, Fertigprodukt)

4 EL Pesto rosso

1 kleine rote Paprika, in dünne Streifen geschnitten

4 dünne Scheiben Parmaschinken

100 g Cocktailtomaten, halbiert

100 g Mozzarella, in Stücke gezupft

1 TL getrockneter Oregano

Salz und Pfeffer

Zubereitung

1 Den Backofen auf 220 °C vorheizen. Ein Backblech mit etwas von dem Öl bestreichen und den Pizzaboden darauflegen.

2 Den Pizzaboden mit dem Pesto bestreichen, dabei einen Rand von etwa 1 cm frei lassen. Paprika, Schinken und Tomaten auf der Pizza verteilen.

3 Mit den Mozzarellastücken belegen und mit Oregano sowie Salz und Pfeffer bestreuen. Dann mit dem restlichen Öl beträufeln.

4 Die Pizza 10 Minuten im vorgeheizten Ofen goldbraun backen. Sofort servieren.

Sandwich mit Würstchen

Für 4 Portionen   Vorbereitung: 10–15 Min.   Garzeit: 30 Min.

Zutaten

2 EL Olivenöl

8 kleine Bratwürstchen

1 grüne Paprika

1 rote Paprika

1 orange Paprika

1 Zwiebel

2 Knoblauchzehen

½ TL Salz

½ TL Pfeffer

125 ml Rotwein

425 g gehackte Tomaten
aus der Dose

2 TL getrockneter Oregano

4 Baguettebrötchen

280 g Rucola

2 EL Salatdressing (Fertigprodukt)

Mayonnaise, zum Servieren

Zubereitung

1 Das Öl in einer großen Pfanne auf mittlerer bis hoher Stufe erhitzen. Die Würstchen hineingeben und unter gelegentlichem Wenden 6–8 Minuten rundum anbräunen. Aus der Pfanne nehmen und beiseitestellen. In der Zwischenzeit die Paprika entstielen, entkernen und in etwa 2,5 cm breite Streifen schneiden. Die Zwiebel schälen, halbieren und in dünne Scheiben schneiden. Den Knoblauch schälen und fein hacken.

2 Paprika und Zwiebel in die Pfanne geben und unter häufigem Rühren etwa 4 Minuten dünsten, bis sie weich werden. Dann Knoblauch, Salz und Pfeffer zugeben. Unter Rühren weitere 1–2 Minuten dünsten. Wein, Tomaten und Oregano zufügen und aufkochen. Die Würstchen zurück in die Pfanne legen, den Deckel auflegen und weitere 15 Minuten schmoren, bis die Würstchen durchgegart sind. In der Zwischenzeit den Rucola waschen, abtropfen und in eine Schüssel geben. Das Dressing darüberträufeln und vermengen.

3 Die Brötchen aufschneiden und in jedes Brötchen zwei Würstchen legen. Gemüse samt Schmorsud mit dem Löffel darüber verteilen. Heiß mit dem Salat servieren. Dazu Mayonnaise reichen.

Eintopf mit Kichererbsen, Chili & Chorizo

Für 4–6 Portionen   Vorbereitung: 15 Min.   Garzeit: 20 Min.

Zutaten

2 EL Olivenöl

1 Zwiebel, in Ringe geschnitten

1 große Paprika, in
Streifen geschnitten

1 Knoblauchzehe, zerdrückt

1 TL Chiliflocken

225 g Chorizo

400 g gehackte Tomaten
aus der Dose

400 g Kichererbsen aus
der Dose, abgetropft

200 g Basmatireis

1 Handvoll Rucola

Salz und Pfeffer

4 EL grob gehacktes frisches
Basilikum, zum Garnieren

Zubereitung

1 Das Öl in einer großen Kasserolle auf mittlerer Stufe erhitzen.
   Die Zwiebel zugeben und unter gelegentlichem Rühren
   5 Minuten garen.

2 Paprika, Knoblauch und Chiliflocken zugeben und 2 Minuten
   unter Rühren braten. Die Chorizo in mundgerechte Stücke
   schneiden und einrühren.

3 Tomaten und Kichererbsen zugeben, dann mit Salz und Pfeffer
   würzen. Aufkochen, abdecken und 10 Minuten köcheln lassen.

4 Unterdessen den Reis in einem Topf mit leicht gesalzenem
   Wasser 10–12 Minuten kochen, bis er gar ist. Dann abgießen
   und abtropfen lassen.

5 Den Rucola in den Eintopf geben. Das Gericht auf vorgewärmte
   Schalen verteilen. Mit dem Basilikum garnieren und sofort mit
   dem Reis servieren.

Schweinefleischtopf mit Apfel

Für 4 Portionen · Vorbereitung: 15 Min. · Garzeit: 30 Min.

Zutaten

1 Zwiebel

4 Scheiben geräucherter Speck

675 g ausgelöste Schweineschulter

30 g Mehl

2 EL Pflanzenöl

2 große grüne Äpfel, z. B. Granny Smith

350 g kleine neue Kartoffeln

225 g Wirsing, in Streifen geschnitten

1 EL frische Thymianblätter

1 EL Weißweinessig

450 ml Hühnerbrühe

225 ml Apfelsaft

2 EL Dijon-Senf

Salz und Pfeffer

Zubereitung

1 Zwiebel und Speck würfeln. Die Schweineschulter in kleine Würfel schneiden. Das Mehl in einen großen Gefrierbeutel geben und die Fleischwürfel mit 1 Teelöffel Salz und ½ Teelöffel Pfeffer würzen. Das Fleisch zum Mehl in den Gefrierbeutel geben, den Beutel verschließen und gut schütteln, damit das Fleisch mit dem Würzmehl überzogen wird.

2 Das Öl in einem großen, schweren Topf auf mittlerer bis hoher Stufe erhitzen. Zwiebel und Speck in den Topf geben und unter Rühren 3 Minuten dünsten, bis die Zwiebel weich und der Speck braun wird. Das Schweinefleisch in den Topf geben und unter gelegentlichem Rühren braten, bis das Fleisch rundum braun ist. Dann alles in eine Schüssel füllen. In der Zwischenzeit die Äpfel schälen, entkernen und würfeln, die Kartoffeln ebenfalls schälen und würfeln.

3 Äpfel, Kartoffeln, Wirsing und Thymian mit Essig, Brühe und Apfelsaft in den Topf geben. Senf, ½ Teelöffel Salz und ¼ Teelöffel Pfeffer zufügen und alles zum Kochen bringen. Dann auf kleine Stufe stellen, das Schweinefleisch mit Zwiebeln und Speck wieder in den Topf geben und ohne Deckel etwa 15 Minuten köcheln lassen, bis das Fleisch gar ist. Sofort servieren.

Schweinefleisch mit Ingwer & Shiitake-Pilzen

Für 4 Portionen   Vorbereitung: 15 Min.   Garzeit: 9–12 Min.

Zutaten

2 EL Pflanzenöl

3 Schalotten, fein gehackt

2 Knoblauchzehen, zerdrückt

5-cm-Stück Ingwerwurzel, in dünne Scheiben geschnitten

500 g Schweinegeschnetzeltes

250 g frische Shiitake-Pilze, in Scheiben geschnitten

4 EL Sojasauce

4 EL Reiswein

1 TL Muskovado-Zucker

1 TL Speisestärke

2 EL kaltes Wasser

3 EL frisch gehackter Koriander, zum Garnieren

Zubereitung

1   Einen Wok auf hoher Stufe erhitzen und das Öl hineingießen. Die Schalotten zugeben und 2–3 Minuten pfannenrühren, dann Knoblauch und Ingwer zufügen und 1 Minute braten.

2   Das Geschnetzelte in den Wok geben und 1 Minute braten, dann die Pilze hinzufügen und 2–3 Minuten pfannenrühren, bis das Fleisch gar ist.

3   Sojasauce, Reiswein und Zucker in den Wok geben. Die Speisestärke mit dem Wasser glatt rühren, in den Wok geben und unter Rühren köcheln lassen, bis die Sauce eingedickt und klar ist. Das Gericht auf vorgewärmte Teller verteilen. Mit dem Koriander garnieren und servieren.

Würzige Hackbällchen

Für 4 Portionen   Vorbereitung: 20 Min.   Garzeit: 30 Min.

Zutaten

675 g mageres Schweinehackfleisch

1 Knoblauchzehe, fein gehackt

1 TL frisch geriebene Ingwerwurzel

1 Prise gemahlene Gewürznelke

½ TL frisch geriebene Muskatnuss

½ TL gemahlener Piment

2 Eigelb

40 g gemahlene Mandeln

Öl, zum Braten

Salz und Pfeffer

gemischter Salat und knuspriges Brot, zum Servieren

Zubereitung

1 Das Fleisch in eine große Schüssel geben. Knoblauch, Gewürze, Eigelb und Mandeln zugeben. Mit Salz und Pfeffer würzen und alles gut vermengen. Mit einem Eiscremeportionierer die Fleischmasse zu kleinen Kugeln formen.

2 Etwas Öl in eine große Pfanne geben und auf hoher Stufe erhitzen. Die Hackbällchen portionsweise hineingeben und 8–10 Minuten rundum braten, bis sie braun und gar sind.

3 Die Bällchen mit einem Schaumlöffel aus der Pfanne heben und auf Küchenpapier abtropfen lassen.

4 Auf vorgewärmte Servierteller geben und sofort mit Salat und Brot servieren.

Pad Thai mit Schweinefleisch

Für 4 Portionen   Vorbereitung: 25 Min.   Garzeit: 7–10 Min.

Zutaten

225 g dicke Reisnudeln

2 EL Erdnuss- oder Pflanzenöl

4 Frühlingszwiebeln, grob gehackt

2 Knoblauchzehen, zerdrückt

2 frische rote Chilis, entkernt und in
Streifen geschnitten

225 g Schweinefilet, pariert und in
dünne Scheiben geschnitten

120 g gegarte und
ausgelöste Riesengarnelen

Saft von 1 Limette

2 EL thailändische Fischsauce

2 Eier, verquirlt

50 g frische Bohnensprossen

1 Handvoll frisch
gehackter Koriander

50 g ungesalzene Erdnüsse, gehackt

Limettenspalten, zum Servieren

Zubereitung

1   Die Reisnudeln in einem großen Topf mit kochendem Wasser
bei geschlossenem Deckel 10 Minuten oder nach Packungsanweisung garen. Abgießen, unter fließend kaltem Wasser
abschrecken und beiseitestellen.

2   Währenddessen den Wok oder eine große Pfanne auf hoher
Stufe erhitzen. Das Öl hineingießen und sehr heiß werden
lassen. Frühlingszwiebeln, Knoblauch und Chilis zugeben und bei
mittlerer Hitze 1–2 Minuten pfannenrühren. Das Fleisch zugeben und bei starker Hitze 1–2 Minuten von beiden Seiten
bräunen.

3   Garnelen, Limettensaft, Fischsauce und Eier zugeben und alles
bei mittlerer Hitze 2–3 Minuten pfannenrühren, bis die Garnelen
erwärmt sind und die Eiermasse gestockt ist.

4   Bohnensprossen, fast den gesamten Koriander, Erdnüsse und
Nudeln zugeben und alles 30 Sekunden pfannenrühren.

5   Das Gericht auf vorgewärmte Schalen verteilen. Mit dem
restlichen Koriander garnieren und sofort mit Limettenspalten
servieren.

Variation

Würzig-scharfe Aromenkombinationen wie diese hier sind
charakteristisch für die thailändische Küche. Eine weitere
klassische Variante dieses Gerichts wird mit Hühnchen anstelle
des Schweinefleischs zubereitet.

FISCH & MEERESFRÜCHTE

Deftiger Fischtopf

Für 4 Portionen   Vorbereitung: 15 Min.   Garzeit: 11–13 Min.

Zutaten

300 g frische Venusmuscheln, abgebürstet

2 EL Olivenöl

1 große Zwiebel, gehackt

2 Knoblauchzehen, zerdrückt

2 Selleriestangen, in Scheiben geschnitten

350 g festes weißes Fischfilet

250 g küchenfertige Tintenfischringe

400 ml Fischfond

6 Eiertomaten, gehackt

1 kleines Bund frischer Thymian

Salz und Pfeffer

knuspriges Brot, zum Servieren

Zubereitung

1 Alle Muscheln, die eine beschädigte Schale haben oder sich bei Antippen mit einem Messer nicht schließen, wegwerfen.

2 Das Öl in einer großen Pfanne bei mittlerer Temperatur erhitzen. Zwiebel, Knoblauch und Sellerie darin 3–4 Minuten unter gelegentlichem Rühren weich dünsten, aber nicht bräunen. Inzwischen den Fisch in Würfel schneiden.

3 Fisch und Tintenfisch in den Topf geben und 2 Minuten mitgaren. Fischfond, Tomaten und Thymian zugeben und mit Salz und Pfeffer würzen. Abgedeckt bei niedriger Temperatur 3–4 Minuten köcheln lassen. Die Muscheln zugeben und bei hoher Temperatur weitere 2 Minuten garen, bis sich die Schalen öffnen. Alle Muscheln, die sich nicht geöffnet haben, aussortieren und wegwerfen.

4 In vorgewärmte Servierschalen füllen und sofort servieren. Dazu passt knuspriges Brot.

Variation

Wenn keine Venusmuscheln zu bekommen sind, verwenden Sie Miesmuscheln. Ihr Aroma passt sehr gut zu den Tomaten.

Überbackene Fischpfanne mit Garnelen & Pilzen

Für 4 Portionen   Vorbereitung: 15 Min.   Garzeit: 20–23 Min.

Zutaten

1 EL Olivenöl

2 Schalotten, fein gehackt

150 ml trockener Weißwein oder Fischfond

1 Lorbeerblatt

200 g Champignons, in dicke Scheiben geschnitten

100 g Crème fraîche

500 g festes weißes Fischfilet, in Stücke geschnitten

175 g gekochte und ausgelöste Garnelen

175 g Erbsen, Tiefkühlware aufgetaut

40 g Butter, zerlassen

150 g frische Semmelbrösel

Salz und Pfeffer

frisch gehackte Petersilie, zum Garnieren

Zubereitung

1 Das Öl in einer ofenfesten Pfanne oder einer flachen, ofenfesten Kasserolle erhitzen. Die Schalotten darin 2–3 Minuten glasig dünsten, dabei gelegentlich umrühren. Wein, Lorbeerblatt und Pilze zufügen und 2 Minuten köcheln lassen, dabei gelegentlich umrühren.

2 Die Crème fraîche einrühren und den Fisch hinzugeben. Mit Salz und Pfeffer würzen. Aufkochen, abdecken und 5–6 Minuten köcheln lassen, bis der Fisch fast gar ist.

3 Das Lorbeerblatt herausnehmen, Garnelen und Erbsen hineingeben und nochmals aufkochen.

4 In der Zwischenzeit den Backofengrill auf mittlerer Stufe vorheizen. Die Butter in einem kleinen Topf zerlassen und die Semmelbrösel hineinrühren. Die Semmelbröselmischung über die Fischpfanne streuen.

5 Die Fischpfanne auf mittlerer Schiene unter den Backofengrill stellen und 3–4 Minuten überbacken, bis das Gericht brodelt und die Oberfläche goldbraun ist.

6 Das Fischgericht auf vorgewärmten Tellern anrichten, mit Petersilie garnieren und sofort servieren.

Pfeffer-Thunfischsteaks

Für 4 Portionen   Vorbereitung: 10–15 Min.   Garzeit: 6–8 Min.

Zutaten

4 Thunfischsteaks (à 175 g)

4 TL Sonnenblumen- oder Olivenöl

1 TL Salz

2 EL rosa, grüne und schwarze Pfefferkörner, grob zerstoßen

1 Handvoll frischer Rucola, zum Garnieren

Zitronenspalten, zum Servieren

Zubereitung

1 Die Thunfischsteaks mit dem Öl bestreichen. Den Fisch mit dem Salz bestreuen und im Pfeffer wenden.

2 Eine Grillpfanne bei mittlerer Hitze erwärmen und den Thunfisch darin 2–3 Minuten von jeder Seite grillen.

3 Mit dem Rucola garnieren und mit Zitronenspalten zum Beträufeln servieren.

Thunfisch-Nudel-Auflauf

Für 4 Portionen   Vorbereitung: 15 Min.   Garzeit: 26–28 Min.

Zutaten

1 Zwiebel

1 Karotte

1 EL Olivenöl

150 g Champignons

450 ml Hühnerbrühe oder Gemüsebrühe

1 Beutel Pilzsuppe, aufgelöst in 300 ml heißem Wasser

475 g Thunfisch im eigenen Saft aus der Dose

350 g getrocknete asiatische Eiernudeln

125 g Panko-Semmelbrösel (Asia-Shop)

50 g Parmesan, frisch gerieben

Salz und Pfeffer

Zubereitung

1 Den Backofen auf 200 °C vorheizen. Die Zwiebel schälen und würfeln. Die Karotte abbürsten und ebenfalls würfeln. Das Öl in einer großen ofenfesten Pfanne erhitzen. Zwiebel und Karotte hineingeben und unter gelegentlichem Rühren andünsten. In der Zwischenzeit die Pilze säubern, in Scheiben schneiden und mit in die Pfanne geben. Mit Salz und Pfeffer würzen und unter gelegentlichem Rühren 2–3 Minuten dünsten, bis das Gemüse weich wird.

2 Brühe und Suppe einrühren und zum Kochen bringen. Den Thunfisch abtropfen und mit in die Pfanne geben, große Stücke dabei zerteilen. Die Nudeln zufügen und umrühren, damit sie von allen Seiten mit Sauce überzogen sind. Die Pfanne abdecken und etwa 15 Minuten in den vorgeheizten Ofen stellen, bis die Nudeln weich sind.

3 Den Backofengrill auf mittlerer Stufe vorheizen. Die Pfanne aus dem Ofen nehmen und den Auflauf sorgfältig umrühren. Semmelbrösel und Käse gleichmäßig über den Auflauf streuen und die Pfanne 2–3 Minuten unter den Backofengrill stellen, bis die Oberfläche goldbraun ist. Sofort servieren.

Gegrillte Thunfischsteaks mit Zitronen & Kapern

Für 4 Portionen · Vorbereitung: 10–15 Min. Garzeit: 11–17 Min.

Zutaten

4 Thunfischsteaks (à 175 g)

4 EL Olivenöl

fein abgeriebene Schale und Saft von 1 Zitrone

3 EL abgespülte eingelegte Kapern

2 EL frisch gehackter Thymian

Salz und Pfeffer

Zitronenspalten, zum Servieren

Zubereitung

1 Die Thunfischsteaks mit 1 Esslöffel Öl bestreichen und nach Belieben mit Salz und Pfeffer würzen.

2 Das restliche Öl zusammen mit Zitronenschale, Zitronensaft, Kapern und Thymian bei geringer Hitze in einen kleinen Topf geben.

3 Eine Grillpfanne erhitzen. Die Thunfischsteaks darin, falls nötig portionsweise, 2–3 Minuten auf jeder Seite braten.

4 Derweil die Zitronen-Kapern-Mischung aufkochen und mit einem Löffel über dem Thunfisch verteilen.

5 Die Steaks auf vorgewärmten Tellern anrichten und sofort mit Zitronenspalten servieren.

Würzige Thunfischfrikadellen

Für 4 Portionen   Vorbereitung: 15 Min.   Garzeit: 7–10 Min.

Zutaten

200 g Thunfisch in Öl aus der Dose, abgetropft

200 g Kartoffelpüree

2–3 EL Currypaste

1 Frühlingszwiebel, fein gehackt

1 Ei, verquirlt

4 EL Mehl, plus etwas mehr zum Bestäuben

Sonnenblumen- oder Erdnussöl, zum Braten

Salz und Pfeffer

Rucola und Zitronenspalten, zum Servieren

Zubereitung

1 Den Thunfisch in eine große Schüssel geben. Kartoffelpüree, Currypaste, Frühlingszwiebel und Ei hinzufügen. Mit Salz und Pfeffer würzen und gut vermengen.

2 Aus der Mischung vier Kugeln rollen. Auf einer mit Mehl bestäubten Arbeitsfläche flach drücken und Frikadellen formen. Das Mehl mit Salz und Pfeffer würzen und die Frikadellen darin wenden, bis sie gut überzogen sind.

3 Etwas Öl in einer großen Pfanne erhitzen und die Thunfischfrikadellen darin auf jeder Seite 3–4 Minuten braten, bis sie knusprig und goldbraun sind.

4 Die Frikadellen auf vorgewärmten Tellern anrichten und sofort mit Rucola und Zitronenspalten servieren.

Gebackener Zitronendorsch

Für 4 Portionen   Vorbereitung: 15–20 Min.   Garzeit: 20 Min.

Zutaten

4 dicke Dorschfilets

Olivenöl, zum Einpinseln

8 dünne Zitronenscheiben

Salz und Pfeffer

gegarte grüne Bohnen,
zum Servieren

Kräutersauce

4 EL Olivenöl

1 Knoblauchzehe, zerdrückt

4 EL frisch gehackte Petersilie

2 EL frisch gehackte Minze

Saft von ½ Zitrone

Salz und Pfeffer

Zubereitung

1 Den Backofen auf 200 °C vorheizen. Die Fischfilets abspülen, mit Küchenpapier trocken tupfen und mit Öl einpinseln. Jedes Filet auf ein Stück Backpapier legen, das groß genug ist, um es über dem Fisch zusammenzufalten, sodass Päckchen entstehen. Auf jedes Fischfilet zwei Zitronenscheiben legen. Mit Salz und Pfeffer würzen. Das Backpapier zufalten und die Päckchen auf ein Backblech legen. Im vorgeheizten Backofen 20 Minuten backen, bis der Fisch gerade gar ist.

2 Inzwischen alle Zutaten für die Kräutersauce sowie Salz und Pfeffer nach Geschmack in einem Mixer fein zerkleinern.

3 Jedes Fischpäckchen auf einen Teller legen und vorsichtig öffnen. Einen Löffel Kräutersauce auf jede Portion geben und dazu gegarte grüne Bohnen servieren.

Fish & Chips aus dem Ofen

Für 4 Portionen   Vorbereitung: 15 Min.   Garzeit: 30 Min.

Zutaten

675 g Kartoffeln

2 EL Pflanzenöl

675 g Kabeljaufilet

30 g Mehl

2 große Eiweiß

200 g Semmelbrösel

Pflanzenöl-Spray, zum Kochen

Salz und Pfeffer

Remoulade, zum Servieren

Salat

1 kleine Salatgurke

4–6 Radieschen

280 g gemischte Salatblätter, gewaschen und abgetropft

abgeriebene Schale und Saft von 1 Zitrone

1 TL Weißweinessig

½ TL Salz

¼ TL Pfeffer

1 Prise Zucker

4 EL Olivenöl

Dillspitzen, zum Garnieren

Zubereitung

1 Den Backofen auf 230 °C vorheizen. Die Kartoffeln abbürsten und in 5 mm x 5 mm dünne Stifte schneiden. Die Kartoffelstifte unter kaltem Wasser abwaschen und mit Küchenpapier trocken tupfen. Dann nebeneinander auf einem Backblech verteilen und mit dem Pflanzenöl vermengen. Mit ½ Teelöffel Salz würzen und im vorgeheizten Ofen etwa 15 Minuten backen.

2 In der Zwischenzeit den Fisch in Streifen schneiden und von beiden Seiten mit ½ Teelöffel Salz und ¼ Teelöffel Pfeffer würzen. Mehl, Eiweiß und Semmelbrösel in drei separate Schüsseln füllen. Das Eiweiß schaumig schlagen. Den Fisch in das Mehl tauchen, danach in das Eiweiß und anschließend in den Semmelbröseln wenden. Die Kartoffeln aus dem Ofen nehmen und auf eine Seite des Backbleches schieben. Die Fischfilets nebeneinander auf die andere Seite legen und mit Öl besprühen. Das Backblech wieder in den Ofen schieben und 15 Minuten backen. Den Fisch dabei einmal wenden, bis er knusprig und durchgegart ist und die Kartoffelstifte braun sind.

3 In der Zwischenzeit den Salat vorbereiten. Gurke und Radieschen putzen, in Scheiben schneiden und mit den Salatblättern in einer großen Salatschüssel vermischen. Zitronenschale und -saft mit Essig, Salz, Pfeffer und Zucker in einer kleinen Schüssel verrühren. Mit dem Schneebesen das Öl sorgfältig einrühren und das Dressing unter den Salat heben. Fisch und Kartoffeln mit einem Löffel Remoulade und dem mit Dillspitzen garnierten Salat als Beilage servieren.

Seezunge mediterran

Für 4 Portionen   Vorbereitung: 15–20 Min.   Garzeit: 20 Min.

Zutaten

1 Schalotte

1 Knoblauchzehe

1 Fenchelknolle

35 g entsteinte Kalamata-Oliven

2 EL Olivenöl

125 g Couscous

250 g gehackte Tomaten
aus der Dose

350 ml Gemüsebrühe oder Wasser

4 Seezungenfilets (à 175 g)

¼–½ TL zerstoßene Chiliflocken

1 EL frische Oreganoblätter oder
1 TL getrockneter Oregano

60 g Butter

50 ml Weißwein

Salz und Pfeffer

Zubereitung

1 Die Schalotte schälen und hacken, den Knoblauch ebenfalls schälen und fein hacken. Den Fenchel säubern und in dünne Scheiben schneiden. Die Oliven hacken. Das Öl in einer großen Pfanne auf mittlerer bis hoher Stufe erhitzen. Schalotte, Knoblauch und Fenchel zufügen und unter gelegentlichem Rühren etwa 3 Minuten dünsten, bis das Gemüse weich ist. Couscous, Tomaten, Brühe, Oliven und 1 Teelöffel Salz zufügen. Gut verrühren.

2 Die Fischfilets nach Belieben mit Salz und Pfeffer würzen und auf die Couscous-Mischung legen, wenn möglich nebeneinander. Den Fisch mit Chiliflocken und Oregano bestreuen. Die Butter in kleine Stücke schneiden und auf dem Fisch verteilen. Den Wein über und um den Fisch herum träufeln.

3 Den Deckel auflegen und den Herd auf kleine Stufe stellen. Weitere 15 Minuten garen, bis Fisch und Couscous durchgegart sind. Auf angewärmten Tellern servieren.

Lachsfilets mit Pesto

Für 4 Portionen   Vorbereitung: 10 Min.   Garzeit: 10–15 Min.

Zutaten

4 Lachsfilets (à ca. 175 g)

gemischter Salat und gegrillte Ciabatta, zum Servieren

Petersilienpesto

2 Knoblauchzehen, grob gehackt

25 g Pinienkerne

40 g frische Petersilie, harte Stiele entfernt

1 TL Salz

25 g Parmesan, frisch gerieben

125–150 ml natives Olivenöl extra

Zubereitung

1 Den Backofengrill auf mittlerer Stufe vorheizen. Für das Petersilienpesto Knoblauch, Pinienkerne, Petersilie und Salz im Mixer fein pürieren. Den Parmesan zufügen und nochmals kurz mixen. 125 ml Olivenöl zugießen und wieder mixen. Wenn das Pesto noch zu fest ist, das restliche Olivenöl einarbeiten. Das Pesto in eine Schüssel füllen und beiseitestellen.

2 Den Fisch unter dem vorgeheizten Grill je nach Dicke der Stücke 10–15 Minuten garen, bis sie rosa sind und sich leicht zerpflücken lassen.

3 Auf Servierteller legen, mit dem Petersilienpesto anrichten und sofort mit Salat und Ciabatta servieren.

Lachs-Kartoffel-Auflauf

Für 4 Portionen   Vorbereitung: 20 Min.   Garzeit: 20–22 Min.

Zutaten

450 g neue Kartoffeln

2 EL Olivenöl, plus etwas mehr zum Einfetten

1 TL Salz

350 g Rosenkohl

½ TL Pfeffer

675 g Lachsfilet

2 EL Butter

1 EL frischer Dill, plus einige Dillspitzen zum Garnieren

Saft von 1 Zitrone, plus Zitronenhälften zum Servieren

3 Frühlingszwiebeln

Zubereitung

1 Den Backofen auf 230 °C vorheizen und eine große Auflaufform einfetten. Die Kartoffeln waschen, in dünne Scheiben schneiden und in einer gleichmäßigen Schicht auf dem Boden der Auflaufform verteilen. Die Hälfte des Öls über die Kartoffeln träufeln und mit der Hälfte des Salzes bestreuen. In den vorgeheizten Ofen geben.

2 Den Rosenkohl putzen und in Scheiben schneiden. In einer Schüssel mit dem übrigen Öl, der Hälfte des verbleibenden Salzes und Pfeffer vermengen. Die Auflaufform aus dem Ofen nehmen und den geschnittenen Rosenkohl in einer Schicht über die Kartoffeln legen. Wieder in den Ofen stellen. Den Lachs in 5 cm große Stücke schneiden und mit dem restlichen Salz würzen. Die Butter in einer kleinen Schüssel in der Mikrowelle zerlassen. Den Dill fein hacken und mit dem Zitronensaft unter die Butter rühren. Die Frühlingszwiebeln putzen und fein schneiden.

3 Die Auflaufform aus dem Ofen nehmen und die Lachsstücke auf den Rosenkohl legen. Die Buttermischung mit einem Löffel über dem Lachs verteilen und etwas über das Gemüse geben. Die Frühlingszwiebeln darauf verteilen. Wieder in den Ofen stellen und weitere 10–12 Minuten backen, bis der Lachs sich leicht zerpflücken lässt, wenn man mit einer Gabel hineinsticht. Mit Dill garnieren und mit Zitronenhälften sofort servieren.

Tagliatelle mit Räucherlachs

Für 4 Portionen   Vorbereitung: 10–15 Min.   Garzeit: 13–15 Min.

Zutaten

350 g Tagliatelle

2 EL Olivenöl

1 Knoblauchzehe, fein gehackt

120 g geräucherter Lachs, in dünne Streifen geschnitten

50 g Rucola

Salz und Pfeffer

Zubereitung

1 Die Tagliatelle in einem großen Topf mit leicht gesalzenem Wasser 8–10 Minuten kochen, bis sie al dente sind.

2 In der Zwischenzeit das Öl in einer großen Pfanne auf niedriger Stufe erhitzen. Den Knoblauch hineingeben und unter ständigem Rühren 1 Minute dünsten.

3 Lachs und Rucola in die Pfanne geben. Nach Belieben mit Pfeffer würzen und unter ständigem Rühren 1 Minute garen. Dann die Pfanne vom Herd nehmen.

4 Die Tagliatelle abgießen, abtropfen lassen und zurück in den Topf geben. Lachs und Rucola aus der Pfanne zugeben und untermischen. Auf vorgewärmten Tellern anrichten und sofort servieren.

Gegrillte Forelle mit Zitronen-Sauce

Für 4 Portionen   Vorbereitung: 15 Min.   Garzeit: 8–10 Min.

Zutaten

6 EL Butter, plus etwas mehr zum Einfetten

6 Regenbogenforellen, ausgenommen und entgrätet

3 EL frisch gepresster Zitronensaft

1 große Handvoll frisch gehackte Petersilie

Salz und Pfeffer

Zitronenspalten, zum Servieren

Zubereitung

1 Die Butter in einem Topf bei mittlerer bis niedriger Temperatur erhitzen, bis sie goldbraun ist und nussig duftet. Auf niedrigster Temperaturstufe warm halten. Den Backofengrill auf mittlerer Stufe vorheizen.

2 Ein großes Backblech mit Alufolie auslegen und einfetten. Die Köpfe von den Forellen entfernen. Die Fische aufgeklappt mit der Haut nach unten auf das vorbereitete Backblech legen. Die Oberseiten mit etwas brauner Butter einpinseln. Mit Salz und Pfeffer würzen.

3 Die Fische mit ca. 10 cm Abstand zu den Heizschlangen unter den Grill schieben und 3–5 Minuten grillen, bis sich das Fleisch leicht mit einer Gabel zerpflücken lässt.

4 Inzwischen die Butter auf höherer Temperatur wieder erhitzen und den Zitronensaft einrühren. Sobald die Mischung kocht, die Petersilie einrühren und vom Herd nehmen. Die Forellen auf vorgewärmte Teller legen, mit der heißen Buttermischung beträufeln und mit Zitronenspalten servieren.

Heilbutt mit Tomaten-Mandel-Sauce

Für 4 Portionen   Vorbereitung: 15–20 Min. plus Kühlzeit   Garzeit: 16–18 Min.

Zutaten

675 g Heilbuttfilets
¾ TL Salz
½ TL Pfeffer
grünes Gemüse, zum Servieren

Sauce

1 große rote Paprika
3 Knoblauchzehen
25 g Mandelblättchen, geröstet
1 dicke Scheibe Brot, in Stücke zerpflückt
1 TL Salz
1 TL Paprikapulver
250 g gewürfelte Tomaten aus der Dose
2 EL Rotweinessig

Zubereitung

1 Für die Sauce den Backofengrill vorheizen. Die Paprika vierteln und mit der Haut nach oben auf ein Backblech legen. Die Knoblauchzehen ungeschält zufügen. Grillen, bis der Knoblauch braun und weich ist und die Haut der Paprika schwarz wird und Blasen wirft. Den Knoblauch zwischendurch einmal wenden. Herausnehmen und etwas abkühlen lassen.

2 Die verkohlte Haut von der Paprika abziehen, dann das Innere mit den Kernen entfernen. Den Knoblauch aus der Schale drücken. Paprika und Knoblauch mit Mandeln, Brot, Salz und Paprikapulver im Mixer pürieren. Tomaten und Essig zufügen und nochmals pürieren, bis die Masse homogen ist.

3 Einen Grill oder eine Grillpfanne auf hoher Temperatur vorheizen. Den Fisch mit Salz und Pfeffer würzen und etwa 4 Minuten grillen. Wenden und die andere Seite weitere 4 Minuten grillen, bis der Fisch gar ist. Mit der Sauce beträufeln und sofort mit grünem Gemüse servieren.

Pikante Makrele mit Mango-Salsa

Für 4 Portionen   Vorbereitung: 15–20 Min.   Garzeit: 8–10 Min.

Zutaten

2 TL gemahlener Koriander

2 TL gemahlener Kreuzkümmel

½ TL gemahlene Kurkuma

¼ TL Cayennepfeffer

1 Prise Salz

8 Makrelenfilets

aufgewärmte Pita-Brote oder Knäckebrote, zum Servieren

Salsa

1 kleine Avocado

1 kleine Mango

1 kleine Zwiebel, fein gehackt

Saft von 1 Limette

Zubereitung

1 Eine Grillpfanne mit geriffeltem Boden vorheizen. Koriander, Kreuzkümmel, Kurkuma, Cayennepfeffer und Salz mischen.

2 Die Makrelenfilets auf der Hautseite mehrmals tief einschneiden und mit der Gewürzmischung einreiben.

3 Für die Salsa Avocado und Mango halbieren, entkernen bzw. entsteinen und schälen. Das Fruchtfleisch fein würfeln und mit Zwiebel und Limettensaft mischen.

4 Die Makrelenfilets in der vorgeheizten Grillpfanne 6–8 Minuten garen, zwischendurch einmal wenden.

5 Zum Servieren die Salsa über die Makrelenfilets geben. Dazu warme Pita-Brote reichen.

Wolfsbarsch mit Oliven-Gremolata

Für 4 Portionen   Vorbereitung: 10–15 Min.   Garzeit: 15–20 Min.

Zutaten

900 g kleine neue Kartoffeln

4 Wolfsbarschfilets (à 175 g)

1 EL Olivenöl

4 EL trockener Weißwein

Salz und Pfeffer

Zitronenspalten, zum Servieren

Oliven-Gremolata

abgeriebene Schale von 1 Zitrone

1 Knoblauchzehe, gehackt

2 große Handvoll frische glatte Petersilie (ca. 50 g)

70 g entsteinte schwarze Oliven

2 EL Kapern

2 EL Olivenöl

Zubereitung

1 Die Kartoffeln in einem Topf mit leicht gesalzenem Wasser 15–20 Minuten kochen, bis sie gar sind.

2 In der Zwischenzeit für die Gremolata Zitronenschale, Knoblauch, Petersilie, Oliven, Kapern und Öl in einer Küchenmaschine oder im Mixer zu einer groben Paste verarbeiten.

3 Die Wolfsbarschfilets mit dem Öl beträufeln und nach Belieben mit Salz und Pfeffer würzen. Eine große, schwere Pfanne erhitzen und die Filets 5–6 Minuten braten, dabei einmal wenden.

4 Den Fisch aus der Pfanne nehmen und warm stellen. Den Wein in die Pfanne gießen und 1 Minute unter ständigem Rühren kochen. Dann vorsichtig die Gremolata einrühren.

5 Die Kartoffeln abgießen, abtropfen lassen und mit einem hölzernen Kochlöffel oder einem Kartoffelstampfer grob zerdrücken.

6 Die Fischfilets mit den Stampfkartoffeln auf vorgewärmten Tellern anrichten. Sofort mit Gremolata und Zitronenspalten servieren.

Steinbutt-Stifte mit Kapernmayonnaise

Für 4 Portionen   Vorbereitung: 20 Min.   Garzeit: 18–22 Min.

Zutaten

70 g trockene helle Semmelbrösel

fein abgeriebene Schale
von 1 Zitrone

2 EL frisch gehackte Petersilie

500 g Heilbuttfilet ohne Haut

3 EL Mehl

1 Ei, verquirlt

Sonnenblumenöl, zum Frittieren

Salz und Pfeffer

Kapernmayonnaise

4 EL Mayonnaise

1 EL gehackte Kapern

1 EL Zitronensaft

Zubereitung

1 Semmelbrösel, Zitronenschale und Petersilie im Mixer fein zerkleinern. In einen tiefen Teller geben.

2 Den Fisch in 7 cm lange und 2 cm dicke Streifen schneiden. Das Mehl mit Salz und Pfeffer würzen und in einen tiefen Teller geben. Das Ei in einen weiteren tiefen Teller geben.

3 Den Fisch zuerst sorgfältig im gewürzten Mehl wenden, dann ins verquirlte Ei tauchen und zuletzt in der Semmelbrösel-mischung wenden. Die Fischstücke müssen ganz mit der Panade bedeckt sein.

4 Alle Zutaten für die Kapernmayonnaise in einer kleinen Schüssel verrühren und beiseitestellen.

5 Ausreichend Öl zum Frittieren in einem großen Topf oder einer Pfanne mit hohem Rand auf 180–190 °C erhitzen (ein Brot-würfel sollte darin in 30 Sekunden bräunen). Die Fischstreifen portionsweise goldbraun frittieren, zwischendurch einmal wen-den. Auf Küchenpapier abtropfen lassen und warm halten.

6 Die Steinbutt-Stifte heiß mit der Kapernmayonnaise servieren.

Meeresfrüchte aus dem Ofen

Für 4–6 Portionen   Vorbereitung: 15–20 Min.   Garzeit: 25 Min.

Zutaten

350 g neue Kartoffeln

4 frische Maiskolben

4 EL Olivenöl

I TL Salz

60 g Butter, plus etwas
mehr zum Einfetten

Saft von ½ Zitrone

3 Knoblauchzehen, geschält

I EL süßes oder
geräuchertes Paprikapulver

900 g frische kleine Venusmuscheln

900 g frische Miesmuscheln

350 g große rohe Garnelen,
ausgelöst und Darmfäden entfernt

125 ml trockener Weißwein

knuspriges Brot, zum Servieren

Sauce

120 g Butter

3 Knoblauchzehen

Zubereitung

1 Den Backofen auf 220 °C vorheizen und ein großes Backblech einfetten. Die Kartoffeln waschen und in dünne Scheiben schneiden. Jeden Maiskolben in 3–4 Stücke brechen. Kartoffeln und Maiskolben auf das Backblech legen. Mit der Hälfte des Öls beträufeln und mit der Hälfte des Salzes bestreuen. Mit Alufolie abdecken und im vorgeheizten Ofen etwa 20 Minuten backen. In der Zwischenzeit die Butter in der Mikrowelle zerlassen. Herausnehmen und das übrige Öl hinzufügen, dann Zitronensaft, Knoblauch, Paprikapulver und das restliche Salz zugeben.

2 Während das Gemüse gart, die Venus- und Miesmuscheln bürsten und den Bart von den Miesmuscheln abziehen. Muscheln mit zerbrochenen Schalen oder solche, die sich beim Antippen mit dem Messer nicht öffnen, entsorgen. Die Garnelen waschen. Die Alufolie vom Backblech entfernen und die Muscheln zwischen dem Gemüse verteilen. Den Wein darübergießen und wieder mit Alufolie abdecken. In den Backofen schieben und weitere 5 Minuten garen.

3 Herausnehmen, die Alufolie abheben und die Garnelen über Gemüse und Muscheln verteilen. Die Buttermischung über die Meeresfrüchte träufeln. Wieder mit Alufolie abdecken und das Backblech zurück in den Ofen geben. Weitere 5 Minuten backen, bis die Garnelen rosa und durchgegart sind und sich alle Muscheln geöffnet haben (ungeöffnete entsorgen).

4 Inzwischen für die Sauce die Butter in der Mikrowelle zerlassen. Den Knoblauch schälen, fein
   hacken und mit der Butter verrühren. Kleine Schüsseln mit Sauce sowie knuspriges Brot zum Auftunken des Saftes zu den gebackenen Meeresfrüchten reichen. Den Tisch mit leeren Schüsseln für
   die Schalen und ausreichend Servietten decken.

Thailändischer Meeres-früchte-Fisch-Topf

Für 4 Portionen   Vorbereitung: 15–20 Min.   Garzeit: 10–12 Min.

Zutaten

200 g Basmatireis

Salz

200 g küchenfertiger Tintenfischtuben

500 g festes weißes Fischfilet, vorzugsweise Seeteufel oder Heilbutt

1 EL Maiskeimöl

4 Schalotten, fein gehackt

2 Knoblauchzehen, fein gehackt

2 EL thailändische grüne Currypaste

2 kleine Stängel Zitronengras, fein gehackt

1 TL Garnelenpaste

500 ml Kokosmilch

200 g rohe Riesengarnelen, ausgelöst und Darmfäden entfernt

12 frische Venusmuscheln, abgebürstet

8 fein gehackte frische Basilikum-blätter, plus einige Blätter zum Garnieren

Zubereitung

1 Den Reis in einem Topf mit leicht gesalzenem Wasser 10–12 Minuten kochen, bis er gar ist. Abtropfen lassen.

2 In der Zwischenzeit mit einem scharfen Messer die Tinten-fischtuben in Ringe und den Fisch in mundgerechte Stücke schneiden.

3 Einen Wok oder eine große Pfanne auf hoher Stufe erhitzen. Das Öl hineingießen und erhitzen, bis es sehr heiß ist. Schalotten, Knoblauch und Currypaste zufügen und unter Rühren 1–2 Minuten anbraten.

4 Zitronengras und Garnelenpaste zugeben, dann die Kokosmilch einrühren und kurz aufkochen.

5 Die Hitze reduzieren, dann Tintenfisch, Fischstücke und Garnelen zugeben und 2 Minuten auf kleiner Stufe köcheln lassen.

6 Alle Muscheln, die eine beschädigte Schale haben oder sich bei Antippen mit einem Messer nicht schließen, wegwerfen. Die anderen in die Pfanne geben, einrühren und 1–2 Minuten mitkochen, bis sich die Schalen geöffnet haben. Muscheln, die sich nicht geöffnet haben, aussortieren und wegwerfen. Das gehackte Basilikum über den Eintopf streuen.

7 Den Eintopf in vorgewärmten Schüsseln anrichten, mit Basilikumblättern garnieren und sofort mit dem Reis servieren.

Garnelen mit Räucherpaprika

Für 2 Portionen

Vorbereitung: 15 Min. plus Marinierzeit

Garzeit: 5–6 Min.

Zutaten

450 g große, rohe Garnelen mit Schale (ca. 12 Stück)

2 EL Olivenöl

1 EL Zitronensaft

1½ TL geräuchertes Paprikapulver

1 Knoblauchzehe, zerdrückt

Meersalz

Zitronenspalten und knuspriges Brot, zum Servieren

Zubereitung

1 Die Köpfe von den Garnelen abdrehen. Mit einem scharfen Messer die Schale am Rücken einschneiden und den dunklen Darmfaden entfernen. Die Garnelen unter fließend kaltem Wasser abspülen und mit Küchenpapier trocken tupfen.

2 Olivenöl, Zitronensaft, Paprikapulver und Knoblauch in einer großen Schüssel verrühren. Eine große Prise Salz und die vorbereiteten Garnelen zugeben. Mischen und 15–20 Minuten an einem kühlen Platz marinieren. Zwischendurch umrühren.

3 Eine Grillpfanne sehr gut vorheizen. Die Garnelen in einer Lage hineingeben und 3–4 Minuten braten, zwischendurch einmal wenden. Sie sind gar, wenn sie sich rosa färben. Sofort mit Zitronenspalten und knusprigem Brot servieren.

Tintenfisch mit Garnelen & dicken Bohnen

Für 6 Portionen   Vorbereitung: 15 Min.   Garzeit: 16–22 Min.

Zutaten

2 EL Olivenöl

4 Frühlingszwiebeln, fein gehackt

2 Knoblauchzehen, fein gehackt

500 g küchenfertige Tintenfischtuben, in dicke Ringe geschnitten

100 ml trockener Weißwein

225 g frische, sehr junge dicke Bohnen (oder Tiefkühlware aufgetaut)

250 g rohe Riesengarnelen, ausgelöst und Darmfäden entfernt

4 EL frisch gehackte glatte Petersilie

Salz und Pfeffer

knuspriges Brot, zum Servieren

Zubereitung

1 Das Öl in einer Pfanne auf mittlerer Stufe erhitzen. Die Frühlingszwiebeln darin 4–5 Minuten unter gelegentlichem Rühren glasig dünsten.

2 Den Knoblauch zugeben und unter ständigem Rühren 30 Sekunden mitgaren. Die Tintenfischringe hinzufügen und auf hoher Stufe 2 Minuten braten, bis die Ringe goldbraun sind. Gelegentlich umrühren.

3 Den Wein einrühren und aufkochen. Die Bohnen in die Pfanne geben, die Hitze reduzieren, die Pfanne abdecken und alles 5–8 Minuten (bei frischen Bohnen) oder 4–5 Minuten (bei Tiefkühlware) köcheln lassen, bis die Bohnen weich sind.

4 Die Garnelen zugeben, die Pfanne abdecken und alles 2–3 Minuten köcheln lassen, bis sich die Garnelen rosa färben und einrollen. Die Petersilie einrühren und mit Salz und Pfeffer abschmecken. Auf vorgewärmten Tellern anrichten und sofort mit knusprigem Brot servieren.

3

4

Garnelen mit Ingwer & Austernpilzen

Für 4 Portionen   Vorbereitung: 15 Min.   Garzeit: 12 Min.

Zutaten

3 EL Pflanzenöl

3 Karotten, in dünne
Scheiben geschnitten

350 g Austernpilze, in dünne
Scheiben geschnitten

1 große rote Paprika, in dünne
Streifen geschnitten

450 g rohe Riesengarnelen, ausgelöst
und Darmfäden entfernt

2 Knoblauchzehen, zerdrückt

frisch gekochter Reis, zum Servieren

frische Korianderstängel,
zum Garnieren

Sauce

150 ml Hühnerbrühe

2 TL Sesamsaat

1 EL frisch geriebene Ingwerwurzel

1 EL Sojasauce

¼ TL scharfe Chilisauce

1 TL Speisestärke

Zubereitung

1   Für die Sauce Hühnerbrühe, Sesamsaat, Ingwer, Sojasauce,
    Chilisauce und Speisestärke verrühren und gut durchmischen.
    Beiseitestellen.

2   Einen Wok auf mittlerer Stufe erhitzen und 2 Esslöffel Öl hinein-
    gießen. Die Karotten zufügen und 3 Minuten pfannenrühren.
    Aus dem Wok nehmen und beiseitestellen.

3   Das restliche Öl in den Wok gießen und die Pilze darin
    2 Minuten pfannenrühren. Aus dem Wok nehmen und
    beiseitestellen.

4   Paprika, Garnelen und Knoblauch in den Wok geben und
    3 Minuten pfannenrühren, bis die Garnelen sich rosa färben und
    einrollen. Die Sauce nochmals sorgfältig umrühren und dann in
    den Wok gießen.

5   Alles kochen, bis die Mischung Blasen wirft. Dann Karotten und
    Pilze wieder in den Wok geben. Mit einem Deckel verschließen
    und weitere 2 Minuten kochen, bis alles heiß ist. Auf frisch
    gekochtem Reis servieren und mit Korianderstängeln garnieren.

4

5

Tintenfisch mit Ingwerstreifen

Für 2 Portionen   Vorbereitung: 20 Min.   Garzeit: 20 Min.

Zutaten

Erdnussöl, zum Braten

1 große Knoblauchzehe, in sehr dünne Scheiben geschnitten

300 g küchenfertiger Tintenfisch, in 1 cm breite Ringe geschnitten

3 Frühlingszwiebeln, diagonal in 2,5 cm lange Stücke geschnitten

1 Prise zerstoßene Chiliflocken

2–3 Handvoll Rucola

Salz-Pfeffer-Mischung

1 TL Sichuan-Pfefferkörner

1 TL Meersalzflocken

Ingwerstreifen

250 g Ingwerwurzel

Erdnussöl, zum Frittieren

Zubereitung

1 Für die Salz-Pfeffer-Mischung Pfefferkörner und Meersalz im Mörser grob zermahlen.

2 Für die Ingwerstreifen den Ingwer schälen und längs in sehr dünne Scheiben schneiden. Mehrere Scheiben aufeinanderlegen und längs in dünne Streifen schneiden.

3 Ausreichend Öl zum Frittieren in einem Wok auf 180–190 °C erhitzen (ein Brotwürfel sollte darin in 30 Sekunden bräunen). Den Ingwer hineingeben und 6–7 Minuten frittieren, bis er goldbraun und knusprig ist. Ingwerstreifen, die zusammenbacken, mit einer Zange trennen. Mit einem Schaumlöffel herausnehmen und auf Küchenpapier abtropfen lassen. Etwas Salz-Pfeffer-Mischung darüberstreuen und warm halten.

4 Einen zweiten Wok auf mittlerer Stufe erhitzen, etwas Öl hineingießen und heiß werden lassen. Den Knoblauch darin 30–60 Sekunden goldgelb braten. Mit einem Schaumlöffel herausnehmen und auf Küchenpapier abtropfen lassen.

5 Den Wok wieder auf hoher Stufe erhitzen, Tintenfisch, Frühlingszwiebeln und Chiliflocken hineingeben und 2 Minuten pfannenrühren, bis der Tintenfisch gar ist und die Frühlingszwiebeln zart, aber noch hellgrün sind.

6 Rucola und Ingwerstreifen auf Tellern anrichten. Die Tintenfischmischung daraufsetzen, mit Salz-Pfeffer-Mischung nach Geschmack bestreuen und sofort servieren.

Gebackene Venusmuscheln mit Semmelbröseln

Für 4 Portionen   Vorbereitung: 20–25 Min.   Garzeit: 18–20 Min.

Zutaten

80 g Butter

100 g frische helle Semmelbrösel

2 Knoblauchzehen, zerdrückt

3 EL frisch gehackter Schnittlauch

600 ml kochendes Wasser

2 kg frische Venusmuscheln, abgebürstet

Salz und Pfeffer

Schnittlauch, zum Garnieren

Rucola, zum Servieren

Zubereitung

1 Den Backofen auf 220 °C vorheizen. Die Butter in einem Topf zerlassen. Semmelbrösel, Knoblauch und Schnittlauch einrühren, dann mit Salz und Pfeffer würzen.

2 Alle Muscheln, die eine beschädigte Schale haben oder sich bei Antippen mit einem Messer nicht schließen, wegwerfen. Das Wasser erhitzen, bis es sprudelnd kocht. Die Muscheln zugeben und abgedeckt 2–3 Minuten kochen, bis sich die Schalen öffnen. Alle Muscheln, die sich nicht geöffnet haben, aussortieren und wegwerfen.

3 Von jeder Muschel eine Schalenhälfte entfernen. Die Muscheln mit der gefüllten Schalenhälfte auf ein großes Backblech setzen. Auf jede Muschel einen Teelöffel der Bröselmischung geben.

4 Die Muscheln im Backofen 10–12 Minuten überbacken, bis die Füllung goldbraun ist und brodelt. Mit Schnittlauch garnieren und mit Rucola sofort servieren.

Moules Marinières

Für 4 Portionen   Vorbereitung: 20 Min.   Garzeit: 8 Min.

Zutaten

2 kg frische Miesmuscheln

300 ml trockener Weißwein

6 Schalotten, fein gehackt

1 Bouquet garni

Pfeffer

Lorbeerblätter, zum Garnieren

frisches knuspriges Brot,
zum Servieren

Zubereitung

1 Die Muscheln abbürsten und die Bärte entfernen. Alle Muscheln, die eine beschädigte Schale haben oder sich bei Antippen mit einem Messer nicht schließen, wegwerfen. Die Muscheln gründlich unter fließend kaltem Wasser abwaschen.

2 Den Wein in einen großen Schmortopf gießen. Schalotten und Bouquet garni zufügen und nach Geschmack mit Pfeffer würzen. Bei mittlerer bis hoher Temperatur zum Kochen bringen. Die Muscheln zugeben, den Deckel fest schließen und 5 Minuten kochen, dabei zwischendurch den Topf mehrmals rütteln. Das Bouquet garni entfernen. Alle Muscheln, die sich nicht geöffnet haben, aussortieren und wegwerfen.

3 Die Muscheln mit einem Schaumlöffel herausnehmen und in Portionsschalen füllen. Den Kochsud durch ein feines Sieb gießen, um feste Partikel zu entfernen, dann über die Muscheln geben. Mit Lorbeerblättern garnieren und sofort mit knusprigem Brot servieren.

Tagliatelle mit Muscheln in Weißwein

Für 4 Portionen   Vorbereitung: 20 Min.   Garzeit: 23–25 Min.

Zutaten

2 kg frische Miesmuscheln, abgebürstet und Bärte entfernt

1 große Zwiebel, gehackt

3 Knoblauchzehen, fein gehackt

500 ml trockener Weißwein

1 Lorbeerblatt

2 frische Thymianzweige

5 EL frisch gehackte glatte Petersilie

1 EL frisch gehackter Rosmarin

4 EL Butter

450 g Tagliatelle oder andere Bandnudeln

Salz und Pfeffer

Zubereitung

1 Die Muscheln gut waschen und alle Exemplare, die eine beschädigte Schale haben oder sich bei Antippen mit einem Messer nicht schließen, wegwerfen.

2 Zwiebel, Knoblauch, Weißwein, Kräuter und 2 Esslöffel Butter in einen Topf geben, zum Kochen bringen. Die Muscheln hinzufügen und nach Belieben mit Salz und Pfeffer würzen. Den Topf abdecken und alles bei mittlerer Hitze 3–4 Minuten kochen, dabei den Topf ab und zu rütteln. Vom Herd nehmen und die Muscheln mit einem Schaumlöffel herausnehmen. Den Kochsud aufheben, das Lorbeerblatt entfernen. Alle Muscheln, die sich nicht geöffnet haben, aussortieren und wegwerfen. Einige Exemplare mit Schale zum Garnieren beiseitelegen. Die verbliebenen Muscheln auslösen.

3 Währenddessen die Tagliatelle in einem Topf mit leicht gesalzenem Wasser 8–10 Minuten kochen, bis sie al dente sind. Die Nudeln abtropfen lassen und in vorgewärmten Schalen anrichten. Die ausgelösten Muscheln darübergeben. Den Muschelsud durch ein feines Sieb abseihen und wieder in den Topf geben. Die restliche Butter zugeben und erhitzen, bis sie zerlassen ist. Über die Tagliatelle gießen, mit den Muscheln in der Schale garnieren und sofort servieren.

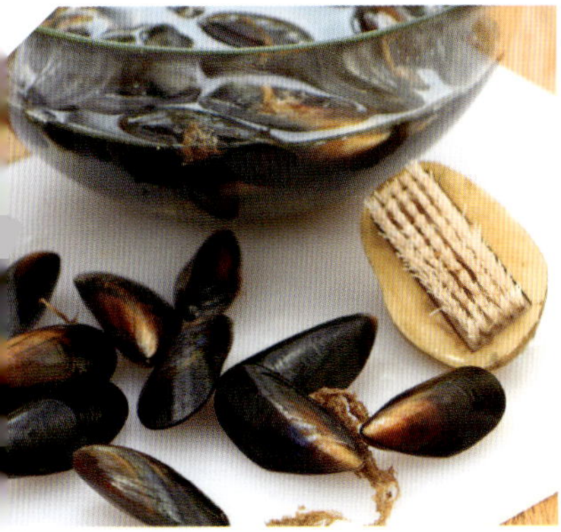

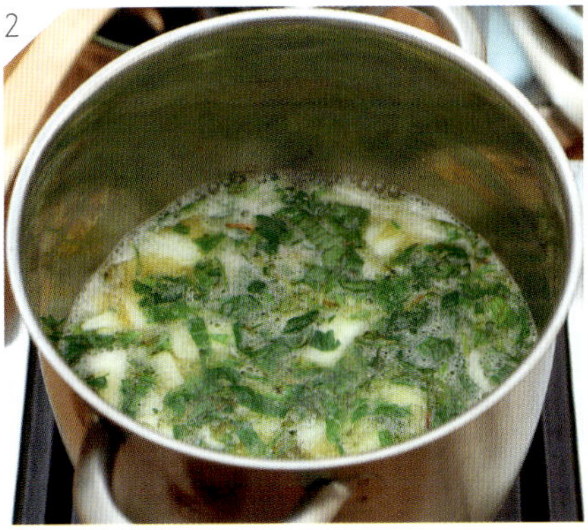
2

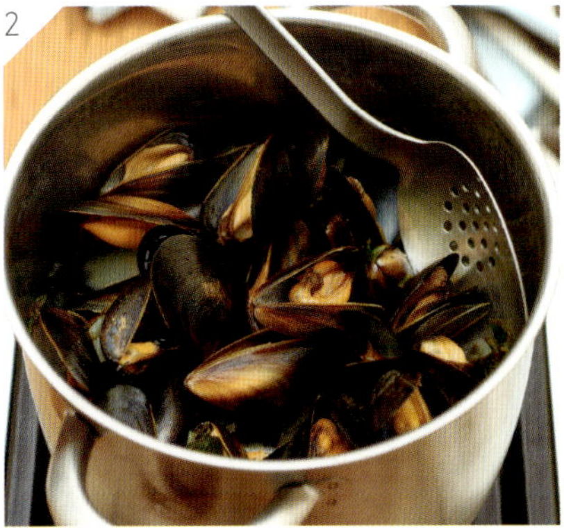
2

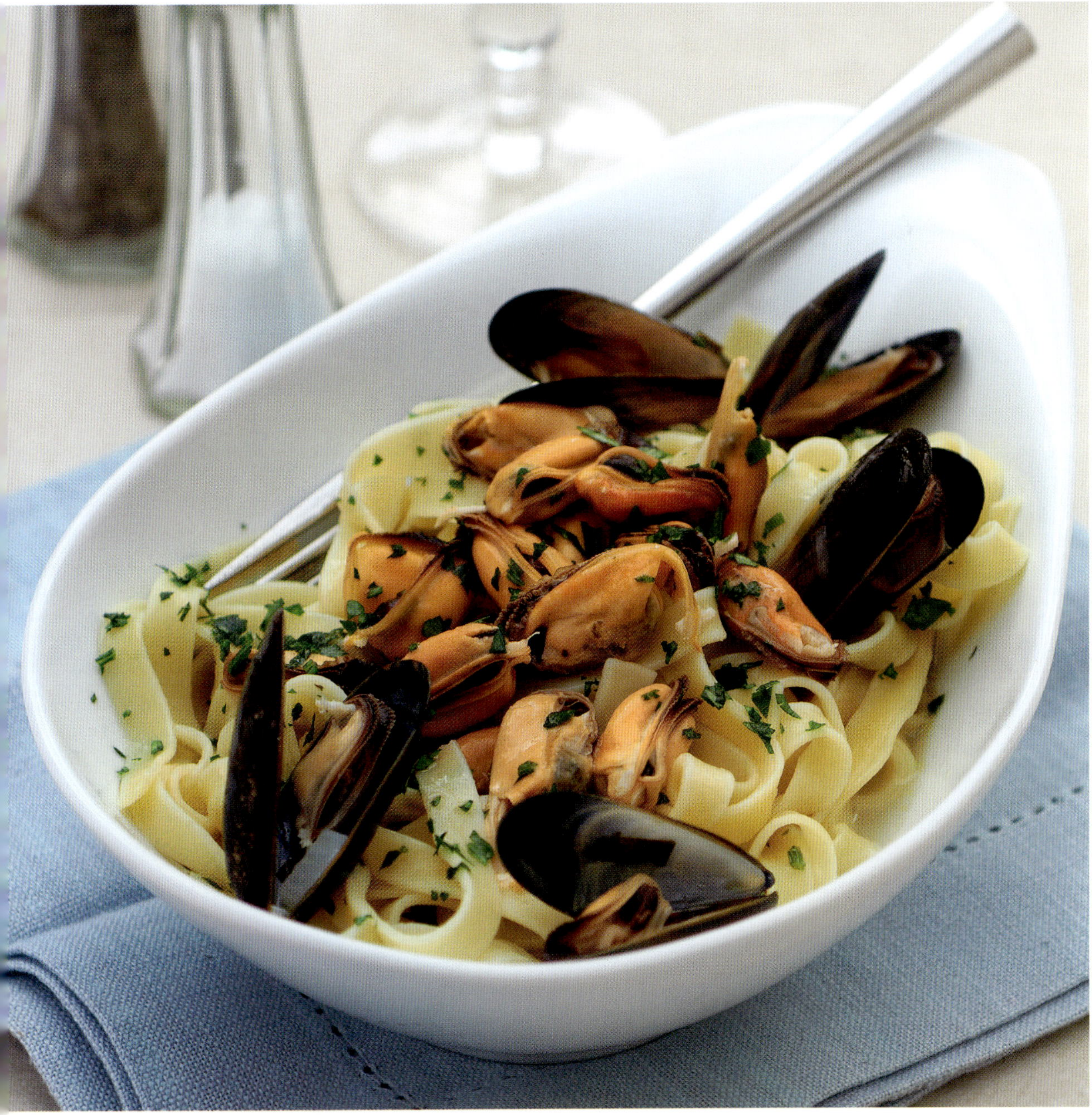

Gebratene Jakobsmuscheln

Für 4 Portionen   Vorbereitung: 15 Min.   Garzeit: 8 Min.

Zutaten

3 EL Olivenöl

fein abgeriebene Schale und Saft von 2 Limetten

2 EL frisch gehackter Koriander

1 Knoblauchzehe, fein gehackt

1 Prise getrocknete Chiliflocken (nach Belieben)

125 g gemischte Salatblätter

16 ausgelöste Jakobsmuscheln, Tiefkühlware aufgetaut

Salz und Pfeffer

Zubereitung

1 Öl, Limettenschale und -saft, Koriander, Knoblauch und gegebenenfalls Chiliflocken in einer Schüssel verrühren. Mit Salz und Pfeffer würzen. Die Salatblätter zufügen und sorgfältig mischen, dann auf vier Portionsteller verteilen. Das in der Schüssel verbleibende Dressing aufbewahren.

2 Eine Grillpfanne auf hoher Temperatur vorheizen. Inzwischen die Jakobsmuscheln mit Küchenpapier trocken tupfen. Die Muscheln in die heiße Pfanne geben und von jeder Seite 3 Minuten braten. Die Pfanne vom Herd nehmen.

3 Die Jakobsmuscheln auf die Teller verteilen, mit dem restlichen Dressing beträufeln und sofort servieren.

Schnelle Paella

Für 4 Portionen   Vorbereitung: 15 Min.   Garzeit: 20 Min.

Zutaten

2 EL Olivenöl

1 Zwiebel, in dünne Ringe geschnitten

1 rote Paprika, in Streifen geschnitten

100 g Chorizo, in Scheiben geschnitten

200 g Langkornreis

850 ml Fischfond

1 Prise Safranfäden

150 g Erbsen, Tiefkühlware aufgetaut

200 g gekochte und ausgelöste Riesengarnelen

Salz und Pfeffer

frisch gehackte glatte Petersilie, zum Garnieren

knuspriges Brot, zum Servieren

Zubereitung

1 Das Öl in der Pfanne auf mittlerer Stufe erhitzen. Zwiebel und Paprika hineingeben und 2 Minuten unter ständigem Rühren garen. Chorizo und Reis zufügen und 1 weitere Minute garen.

2 Fischfond und Safran einrühren und aufkochen. Die Hitze reduzieren, die Pfanne abdecken und alles 10 Minuten köcheln lassen, bis der Reis fast weich ist. Gelegentlich umrühren.

3 Erbsen und Riesengarnelen in die Pfanne geben und mit Salz und Pfeffer würzen. Abdecken und weitere 4–5 Minuten köcheln, bis der Reis gar ist.

4 Die Paella auf vorgewärmten Tellern anrichten, mit Petersilie garnieren und sofort mit knusprigem Brot servieren.

Variation

Dieser spanische Klassiker ist ein ideales Gericht für einen Sommerabend. Probieren Sie eine traditionelle Variante und geben Sie zusammen mit Erbsen und Garnelen noch klein geschnittenes, gebratenes Hähnchenfleisch zur Reismischung.

VEGETARISCH

Gegrillte Halloumi-Kebabs auf Fenchel-Bohnen-Salat

Für 4 Portionen   Vorbereitung: 20 Min.   Garzeit: 10–12 Min.

Zutaten

200 g Halloumi

1 Knoblauchzehe, zerdrückt

1 Fenchelknolle, in dünne Scheiben geschnitten

1 kleine rote Zwiebel, in dünne Scheiben geschnitten

400 g weiße Bohnen aus der Dose, abgetropft

1–2 EL Balsamico-Essig, zum Servieren

Dressing

fein abgeriebene Schale und Saft von 1 Zitrone

3 EL frisch gehackte glatte Petersilie

4 EL Olivenöl

Salz und Pfeffer

Zubereitung

1 Für das Dressing Zitronenschale und -saft, Petersilie und Öl verrühren und mit Salz und Pfeffer würzen.

2 Den Käse in 2 cm große Würfel schneiden, auf vier in Wasser eingeweichte Holzspieße stecken und mit der Hälfte des Dressings bestreichen.

3 Den Backofengrill vorheizen. Die Spieße darin unter einmaligem Wenden 6–8 Minuten grillen, bis der Käse goldgelb ist.

4 Inzwischen das restliche Dressing mit dem Knoblauch in einem kleinen Topf aufkochen. Fenchel, Zwiebel und Bohnen zufügen, durchrühren und 1–2 Minuten kurz miterwärmen. Den Fenchel-Bohnen-Salat in eine Servierschale füllen.

5 Die Spieße auf dem Salat anrichten und mit dem Balsamico beträufelt servieren.

Variation

Halloumi eignet sich hervorragend zum Grillen, da er seine Form behält und nicht zerläuft. Auf einem Holzkohlegrill gegart, erhalten die Spieße eine besonders rauchige Note.

VEGETARISCH

Pappardelle mit Tomaten & Mozzarella

Für 4 Portionen   Vorbereitung: 15 Min.   Garzeit: 13–15 Min.

Zutaten

400 g Pappardelle

2 EL Olivenöl

1 Knoblauchzehe, gehackt

350 g Cocktailtomaten, halbiert

80 g Rucola

300 g Mozzarella, gehackt

Salz und Pfeffer

frisch geriebener Parmesan,
zum Servieren

Zubereitung

1 Die Pappardelle in einem Topf mit leicht gesalzenem Wasser 8–10 Minuten kochen, bis sie al dente sind.

2 In der Zwischenzeit das Öl in einer Pfanne auf mittlerer Stufe erhitzen und den Knoblauch unter ständigem Rühren 1 Minute dünsten.

3 Die Tomaten zugeben, mit Salz und Pfeffer würzen und 2–3 Minuten sanft garen, bis sie weich sind.

4 Die Pappardelle abgießen, abtropfen lassen und in die Pfanne geben. Rucola und Mozzarella hinzufügen und unter Rühren erhitzen, bis die Rucolablätter zusammenfallen.

5 Das Nudelgericht auf vorgewärmte Teller geben und sofort mit dem Parmesan servieren.

Tagliatelle mit Haselnusspesto

Für 4 Portionen   Vorbereitung: 15 Min.   Garzeit: 15–16 Min.

Zutaten

350 g Tagliatelle

175 g frische junge dicke Bohnen
(oder Tiefkühlware aufgetaut)

Pesto

1 Knoblauchzehe, grob gehackt

60 g Haselnüsse

100 g wilder Rucola

4 EL Olivenöl

Salz und Pfeffer

Zubereitung

1 Für das Pesto Knoblauch, Haselnüsse, Rucola und Öl im Mixer zu einer groben Paste verarbeiten. Mit Salz und Pfeffer würzen.

2 Die Tagliatelle in einem großen Topf mit leicht gesalzenem Wasser 8–10 Minuten kochen, bis sie al dente sind. 3–4 Minuten vor Ende der Garzeit die Bohnen zufügen und mitgaren.

3 Pasta und Bohnen abgießen und wieder in den Topf geben. Das Pesto zufügen und sorgfältig mischen. Sofort servieren.

Schnelle Gemüselasagne

Für 4 Portionen   Vorbereitung: 20–25 Min.   Garzeit: 8–10 Min.

Zutaten

1 rote Zwiebel, in
Spalten geschnitten

je 1 grüne und rote Paprika, in grobe
Streifen geschnitten

2 große Zucchini, schräg in
Scheiben geschnitten

2 EL Olivenöl, plus etwas mehr
zum Einfetten

12 Lasagneblätter

1 Handvoll frische Basilikumblätter

2 große Tomaten, in
Scheiben geschnitten

100 g mittelalter Gouda, gerieben

Salz und Pfeffer

gemischte Salatblätter,
zum Garnieren

Zubereitung

1 Den Backofengrill auf hoher Stufe vorheizen. Zwiebel, Paprika und Zucchini auf ein Backblech geben und mit dem Öl beträufeln. Mit Salz und Pfeffer bestreuen und 6–8 Minuten grillen, bis das Gemüse zart ist, dabei einmal wenden.

2 Inzwischen die Lasagneblätter in leicht gesalzenem Wasser etwa 2–3 Minuten kochen, bis sie weich sind. Gut abtropfen lassen.

3 Auf ein mit Öl eingefettetes Backblech vier Lasagneblätter einzeln legen. Die Hälfte der Gemüsemischung darauf verteilen. Basilikumblätter und Tomatenscheiben darübergeben und mit Lasagneblättern abdecken. Dann die andere Hälfte der Gemüsemischung auf die Lasagneblätter verteilen und mit einer weiteren Lasagneblätterschicht bedecken.

4 Mit dem Käse bestreuen und unter dem vorgeheizten Grill 2 Minuten überbacken, bis der Käse geschmolzen ist und Blasen wirft.

5 Die Lasagne auf vorgewärmten Tellern anrichten und sofort mit Salatblättern servieren.

Spaghetti mit Grünkohlpesto

Für 4 Portionen   Vorbereitung: 20 Min.   Garzeit: 20 Min.

Zutaten

225 g Grünkohl

450 g Spaghetti

40 g Pinienkerne

1 große Knoblauchzehe

abgeriebene Schale und Saft
von 1 Zitrone

125 ml Olivenöl

30 g Parmesan, frisch gerieben, plus
etwas mehr zum Garnieren

400 g weiße Cannellini-Bohnen aus
der Dose, abgespült und abgetropft

2 EL Chiasamen, zum Garnieren

Salz

Zubereitung

1 Den Boden einer Pfanne mit Backpapier auslegen, auf mittlerer Stufe erhitzen und die Pinienkerne darin rösten. Abkühlen lassen. Leicht gesalzenes Wasser in einem großen Topf zum Kochen bringen und eine Schüssel mit Eiswasser füllen. Stiele und harte Blattrippen des Grünkohls abschneiden und die Blätter im kochenden Wasser 45 Sekunden blanchieren. Mit einem Schaumlöffel herausheben und in das Eiswasser geben. Den Grünkohl abtropfen, auf ein Küchentuch legen und ausdrücken, um überschüssiges Wasser zu entfernen.

2 Das Salzwasser erneut zum Kochen bringen und die Spaghetti darin 8–10 Minuten garen, bis sie al dente sind. Inzwischen Grünkohl, Pinienkerne, Knoblauch und ¾ Teelöffel Salz in der Küchenmaschine pürieren. Zitronenschale und -saft hinzufügen. Erneut pürieren. Bei laufendem Motor das Olivenöl langsam zugießen, bis es ganz eingearbeitet ist. Den Käse zufügen und wieder mixen.

3 Die Bohnen zu den Spaghetti geben. Beides abgießen und dabei etwas Kochwasser auffangen. Pasta und Bohnen mit dem Pesto vermengen. Falls nötig, etwas Kochwasser zugeben, damit der Pesto sich gleichmäßig über die Spaghetti verteilt. Mit Parmesan und Chiasamen bestreuen und sofort servieren.

VEGETARISCH

Nudelsalat mit Paprika

Für 4 Portionen   Vorbereitung: 20 Min.   Garzeit: 15 Min.

Zutaten

1 rote Paprika
1 orange Paprika
300 g Conchiglie
5 EL natives Olivenöl extra
2 EL Zitronensaft
2 EL Pesto
1 Knoblauchzehe, fein gehackt
3 EL frisch zerzupftes Basilikum
Salz und Pfeffer

Zubereitung

1 Den Backofengrill vorheizen. Die ganzen Paprika auf ein Backblech legen und 15 Minuten grillen, dabei häufig wenden, bis sie rundum gebräunt sind. Die Paprika in eine Schüssel legen, mit Folie abdecken und beiseitestellen.

2 Unterdessen die Nudeln in einem großen Topf mit leicht gesalzenem Wasser 8–10 Minuten kochen, bis sie al dente sind.

3 Olivenöl, Zitronensaft, Pesto und Knoblauch in einer Schüssel gründlich verrühren. Die Nudeln abgießen und noch heiß mit der Pesto-Mischung vermengen. Dann beiseitestellen.

4 Von den abgekühlten Paprika die Haut abziehen, die Paprika aufschneiden und die Kerne entfernen. Das Fruchtfleisch grob hacken und mit dem Basilikum zu den Nudeln geben. Mit Salz und Pfeffer abschmecken und alles gut vermengen. Warm servieren.

VEGETARISCH

Mais-Plinsen mit Käse

Für 8 Portionen   Vorbereitung: 15 Min.   Garzeit: 3–4 Min.

Zutaten

1 Ei

200 ml Milch

100 g Mehl

½ TL Backpulver

80 g Mais aus der Dose, abgetropft

4 EL geriebener Gouda

1 TL frisch gehackter Schnittlauch

2 TL Sonnenblumenöl

Zubereitung

1 Ei und Milch in einer Schüssel mit einer Gabel verrühren.

2 Mehl und Backpulver zugeben und glatt rühren. Mais, Käse und Schnittlauch unterrühren.

3 Das Öl in einer beschichteten Pfanne bei mittlerer Temperatur erhitzen. Mit einem Esslöffel Teigportionen in die Pfanne setzen.

4 1–2 Minuten braten, bis die Plinsen aufgegangen und goldbraun sind. Wenden und die andere Seite noch 1 Minute backen. Aus der Pfanne nehmen, auf Küchenpapier abtropfen lassen und servieren.

Kartoffelrösti mit Zwiebel-Tomaten-Relish

Für 8 Portionen

Vorbereitung: 25 Min. plus Ziehzeit

Garzeit: 13–17 Min.

Zutaten

60 g Weizenvollkornmehl

½ TL gemahlener Koriander

½ TL Kreuzkümmelsamen

¼ TL Chilipulver

½ TL gemahlene Kurkuma

¼ TL Salz

1 Ei

3–4 EL Milch

350 g Kartoffeln, geschält

1–2 Knoblauchzehen, zerdrückt

4 Frühlingszwiebeln, fein gehackt

50 g Mais aus der Dose, abgetropft

Pflanzenöl, zum Braten

Zwiebel-Tomaten-Relish

1 Zwiebel, fein gehackt

250 g Tomaten, gewürfelt

2 EL frisch gehackter Koriander

2 EL frisch gehackte Minze

2 EL Zitronensaft

½ TL geröstete Kreuzkümmelsamen

¼ TL Salz

1 Prise Cayennepfeffer

Zubereitung

1 Für das Relish alle Zutaten in eine Schüssel geben und gut verrühren. Mindestens 15 Minuten ziehen lassen, damit sich die Aromen gut entfalten können.

2 Mehl, Gewürze und Salz in eine große Schüssel geben, verrühren und eine Mulde in die Mitte drücken. Ei und Milch in die Mulde geben und alles zu einem dicken Teig verrühren.

3 Die Kartoffeln grob reiben, in ein Sieb geben und unter fließend kaltem Wasser gut abspülen. Abtropfen lassen und gut ausdrücken. Mit Knoblauchzehen, Frühlingszwiebeln und Mais zum Teig geben und gut vermengen.

4 Etwa 5 mm hoch Pflanzenöl in einer großen Pfanne erhitzen. Jeweils esslöffelgroße Portionen Teigmischung in die Pfanne geben, mit dem Löffel flach drücken und zu kleinen Rösti formen. Bei geringer Hitze und unter häufigem Wenden 2–3 Minuten braten, bis sie goldbraun sind.

5 Die Rösti auf Küchenpapier abtropfen lassen und warm stellen, bis alle Rösti fertig gebraten sind. Die Rösti mit dem Zwiebel-Tomaten-Relish servieren.

VEGETARISCH

Kartoffel-Schnitt-lauch-Pfannkuchen

Für 4 Portionen

Vorbereitung: 15 Min. plus Ruhezeit

Garzeit: 13–17 Min.

Zutaten

150 g Mehl

1½ TL Backpulver

250 ml Milch

1 großes Ei

2 EL Sonnenblumenöl, plus etwas mehr zum Einfetten

225 g Kartoffeln

2 EL frisch gehackter Schnittlauch

1 EL körniger Senf

Salz und Pfeffer

griechischer Joghurt oder saure Sahne, zum Servieren

Zubereitung

1 Mehl, Backpulver und 1 Prise Salz in eine Schüssel sieben. Milch, Ei und Öl zufügen und alles zu einem glatten Teig verrühren.

2 Die Kartoffeln schälen und grob reiben. In ein Sieb geben, mit Salz bestreuen und 5 Minuten ruhen lassen. Dann so viel Flüssigkeit wie möglich ausdrücken. Die Kartoffelraspel mit Schnittlauch, Senf und Pfeffer nach Geschmack in den Teig rühren.

3 Eine Grill- oder Bratpfanne dünn einölen und auf mittlerer Stufe erhitzen. Den Teig löffelweise in die Pfanne geben und backen, bis sich Blasen auf der Oberseite bilden.

4 Die Pfannkuchen mit einem Palettenmesser wenden und goldbraun backen. Den restlichen Teig auf die gleiche Weise verarbeiten und währenddessen die fertigen Pfannkuchen warm stellen.

5 Sofort mit einem Löffel Joghurt servieren.

VEGETARISCH

Vietnamesisches Gemüsecurry

Für 6 Portionen   **Vorbereitung: 15 Min.**   **Garzeit: 28–30 Min.**

Zutaten

2 Stängel Zitronengras

50 ml Pflanzenöl

3 große Knoblauchzehen, zerdrückt

1 große Schalotte, in dünne
Ringe geschnitten

2 EL indisches Currypulver

700 ml Kokosmilch

500 ml Kokoswasser (keine Kokosmilch) oder Gemüsebrühe

2 EL Fischsauce

4 frische rote Vogelaugenchilis oder
getrocknete rote chinesische Chilis

6 Kaffir-Limettenblätter

1 Karotte, geschält und schräg in
1 cm dicke Scheiben geschnitten

1 kleine bis mittelgroße asiatische
Aubergine, in 2,5 cm große
Stücke geschnitten

1 kleine bis mittelgroße
Bambussprosse, in dünne
Stifte geschnitten

120 g Zuckererbsen, geputzt

12 frische große Shiitake-Pilze, Stiele
entfernt, Hüte halbiert

450 g fester Tofu, abgetropft und in
2,5 cm große Würfel geschnitten

frisch gehackter Koriander und
gebratene Schalotten,
zum Garnieren

Zubereitung

1 Beschädigte Blattspitzen und Wurzelenden der Zitronengras-
Stängel abschneiden. Die unteren 15–20 cm der Stängel in
hauchdünne Ringe schneiden.

2 Einen Wok bei hoher Temperatur vorheizen, dann das Öl zugeben. Knoblauch und Schalotte darin unter ständigem Rühren
5 Minuten goldbraun braten. Zitronengras und Currypulver zufügen und 2 Minuten rührbraten, bis sie duften.

3 Kokosmilch, Kokoswasser, Fischsauce, Chilis und Kaffir-Limettenblätter zugeben und zum Kochen bringen. Auf niedrige Temperatur umschalten, Karotte und Aubergine zufügen und abgedeckt
10 Minuten köcheln lassen.

4 Bambus, Zuckererbsen, Pilze und Tofu zugeben und weitere
5 Minuten köcheln lassen.

5 Das Currygericht mit Koriander und gebratenen Schalotten
garnieren und sofort servieren.

Reis-Linsen-Curry

Für 4 Portionen   Vorbereitung: 15 Min.   Garzeit: 23–28 Min.

Zutaten

2,5-cm-Stück frische Ingwerwurzel

2 Knoblauchzehen

1 Zwiebel

2 Karotten

225 g Blumenkohl

225 g Grünkohl

2 EL Olivenöl

2 EL Currypulver

1 TL Salz

90 g Basmatireis

90 g kleine grüne Linsen,
alternativ rote Linsen

700 ml Gemüsebrühe oder Wasser

125 ml Kokosmilch

1 Limette

Naturjoghurt und scharfe
Sriracha-Sauce, zum Servieren

Zubereitung

1 Ingwerwurzel und Knoblauch schälen und fein hacken. Die Zwiebel schälen, die Karotten putzen und beides würfeln. Den Blumenkohl in kleine Stücke schneiden. Den Grünkohl waschen, die Stiele und dicken Blattrippen entfernen und die Blätter in Streifen schneiden.

2 Das Öl in einer großen Pfanne auf mittlerer bis hoher Stufe erhitzen. Ingwer, Knoblauch und Zwiebel hineingeben und unter ständigem Rühren 2 Minuten dünsten, bis die Zwiebel weich wird. Currypulver und Salz einrühren. Gemüse, Reis, Linsen, Brühe und Kokosmilch zugeben und aufkochen.

3 Den Herd auf kleine Stufe stellen, den Deckel auflegen und etwa 15–20 Minuten sanft kochen, bis Linsen und Reis gar sind. Den Saft der Limetten auspressen und in das Curry rühren. Sofort mit Joghurt und Sriracha-Sauce servieren.

Chili mit Bohnen & Nachos

Für 4 Portionen   Vorbereitung: 15 Min.   Garzeit: 18 Min.

Zutaten

2 EL Olivenöl

1 große Zwiebel, gehackt

1 große grüne Paprika, gehackt

2 Knoblauchzehen, zerdrückt

1 TL zerkleinerter getrockneter Chili

400 g Tomaten aus der Dose, fein gehackt

300 g Kidneybohnen aus der Dose, abgetropft

300 g weiße Bohnen aus der Dose, abgetropft

3 EL frisch gehackter Koriander

Salz und Pfeffer

Nachos, zum Servieren

Zubereitung

1 Das Öl in einer großen Pfanne auf mittlerer Stufe erhitzen. Zwiebel und Paprika zugeben und 8 Minuten pfannenrühren, bis sie leicht angebräunt sind.

2 Knoblauch und Chili, dann die Tomaten hinzufügen und 2 Minuten köcheln lassen. Mit Salz und Pfeffer würzen.

3 Beide Bohnensorten und Koriander zugeben und alles kurz aufkochen, dann weitere 5 Minuten köcheln lassen. Mit Salz und Pfeffer abschmecken.

4 Das Chili in vorgewärmten Schalen anrichten und sofort mit Nachos servieren.

VEGETARISCH

Bohnenburger

Für 4 Portionen   Vorbereitung: 20 Min.   Garzeit: 18–21 Min.

Zutaten

1 EL Sonnenblumenöl, plus etwas mehr zum Bestreichen

1 Zwiebel, fein gehackt

1 Knoblauchzehe, fein gehackt

1 TL gemahlener Koriander

1 TL gemahlener Kreuzkümmel

120 g weiße Champignons, fein gehackt

425 g Borlotti- oder Kidneybohnen aus der Dose, abgespült und abgetropft

2 EL frisch gehackte glatte Petersilie

Salz und Pfeffer

Mehl, zum Bestäuben

Hamburgerbrötchen und Salatblätter, zum Servieren

Zubereitung

1 Das Öl auf mittlerer Stufe in einer schweren Pfanne erhitzen und die Zwiebel unter Rühren darin 5 Minuten garen, bis sie weich ist. Knoblauch, Koriander und Kreuzkümmel hinzugeben und 1 weitere Minute pfannenrühren. Die Champignons zufügen und unter Rühren 4–5 Minuten garen, bis die gesamte Flüssigkeit verkocht ist. Das Gemüse in eine Schüssel umfüllen.

2 Den Backofengrill vorheizen. Die Bohnen in eine kleine Schüssel geben und mit einer Gabel zerdrücken. Mit der Petersilie unter die Gemüsemischung rühren und mit Salz und Pfeffer würzen.

3 Die Gemüse-Bohnen-Mischung in vier Portionen teilen, leicht mit Mehl bestäuben und zu flachen, runden Burgern formen. Mit Öl bestreichen.

4 Die Burger unter dem Grill etwa 4–5 Minuten grillen. Wenden und von der anderen Seite ebenfalls 4–5 Minuten grillen, bis sie durchgegart sind.

5 Die Hamburgerbrötchen aufschneiden und die unteren Hälften mit Salatblättern belegen. Die Burger darauflegen, mit den oberen Brötchenhälften bedecken und sofort servieren.

Champignon-Koriander-Burger

Für 6 Portionen   Vorbereitung: 20 Min.   Garzeit: 13–15 Min.

Zutaten

425 g Kidneybohnen aus der Dose, abgespült und abgetropft

2 EL Sonnenblumenöl, plus etwas mehr zum Bestreichen

1 Zwiebel, fein gehackt

120 g Champignons, fein gehackt

1 große Karotte, grob gerieben

2 TL geräuchertes Paprikapulver

70 g Haferflocken

3 EL dunkle Sojasauce

2 EL Tomatenmark

30 g frischer Koriander, mit Stängeln gehackt

3 EL Mehl

Salz und Pfeffer

Hamburgerbrötchen, Salatblätter, Avocadoscheiben, Tomaten-Salsa, zum Servieren

Zubereitung

1 Die Bohnen in eine große Schüssel geben und gründlich mit einem Kartoffelstampfer zerdrücken. Das Öl in einer Pfanne erhitzen, die Zwiebel hineingeben und etwa 2 Minuten braten, bis sie glasig ist. Champignons, Karotte und Paprika zugeben und weitere 4 Minuten braten, bis das Gemüse zart ist.

2 Das Gemüse zusammen mit Haferflocken, Sojasauce, Tomatenmark und Koriander zu den Bohnen geben. Mit Salz und Pfeffer würzen und gut vermischen. In sechs gleich große Portionen aufteilen, zu Burgern formen und im Mehl wälzen, bis sie leicht überzogen sind.

3 Eine Grillpfanne sehr stark erhitzen. Die Burger auf einer Seite leicht mit Öl bestreichen und mit dieser Seite nach unten in die Pfanne legen. Bei mittlerer Hitze 2–3 Minuten braten, bis sie angeröstet sind. Nun die oberen Seiten leicht einölen, die Burger wenden und weitere 2–3 Minuten braten. Die Hamburgerbrötchen aufschneiden und die unteren Hälften mit Salatblättern belegen. Die heißen Burger darauflegen, Avocadoscheiben und Salsa darüberschichten, mit den oberen Brötchenhälften bedecken und sofort servieren.

VEGETARISCH

Pita-Taschen mit Falafel

Für 4 Portionen   Vorbereitung: 20 Min.   Garzeit: 7 Min.

Zutaten

2 Knoblauchzehen

2 EL frisch gehackte glatte Petersilie

1 TL gemahlener Kreuzkümmel

½ TL Salz

275 g Kichererbsen aus der Dose, abgespült und abgetropft

2 Frühlingszwiebeln, in Scheiben

2 EL Mehl

1 TL Backpulver

1 EL Pflanzenöl

Zum Servieren

2 Vollkorn-Pita-Brote

Zaziki

2 Tomaten, gewürfelt

100 g Salatblätter, in Streifen

Zubereitung

1 Für die Falafel den Knoblauch im Mixer zerkleinern. Petersilie, Kreuzkümmel und Salz zugeben und zerkleinern. Kichererbsen, Frühlingszwiebeln, Mehl und Backpulver zufügen und zu einer groben Masse mixen. Aus der Masse acht ca. 5 mm dicke Bratlinge formen.

2 Das Öl in einer schweren Pfanne bei mittlerer bis hoher Temperatur erhitzen. Die Falafel ins heiße Öl geben und etwa 3 Minuten braten, bis die Unterseite braun ist. Wenden und die andere Seite ebenfalls braun braten. Auf Küchenpapier abtropfen lassen.

3 Die Pita-Brote halbieren, öffnen und mit Falafel, Zaziki, Tomatenwürfeln und Salat füllen. Sofort servieren.

Gemüse mit Blätterteighaube

Für 4 Portionen   Vorbereitung: 15–20 Min.   Garzeit: 20 Min.

Zutaten

2 EL Olivenöl

1 Porreestange, in dünne Ringe geschnitten

2 Karotten, in dünne Scheiben geschnitten

225 g Champignons, in Scheiben geschnitten

100 g frische Erbsen (oder Tiefkühlware aufgetaut)

1 TL getrockneter Estragon

150 ml kochende Gemüsebrühe

200 g frischer, fertig ausgerollter Blätterteig

2 EL frisch geriebener Parmesan

Salz und Pfeffer

gegarte neue Kartoffeln, zum Servieren

Zubereitung

1 Den Backofen auf 220 °C vorheizen. Ein Backblech auf mittlerer Schiene miterhitzen.

2 Das Öl in einer großen Pfanne auf hoher Stufe erhitzen. Porree und Karotten zugeben und 2 Minuten dünsten, gelegentlich umrühren. Dann die Pilze zufügen und 2 Minuten dünsten. Erbsen, Estragon und Gemüsebrühe hineingeben und mit Salz und Pfeffer würzen. Die Gemüsemischung in eine Auflaufform (1,5 l Inhalt) füllen.

3 Die Mischung mit dem Blätterteig abdecken, überstehende Ränder nach innen schlagen. In die Mitte kleine Schlitze schneiden. Den Blätterteig mit etwas Wasser einpinseln und den Parmesan darüberstreuen.

4 Die Auflaufform auf das Backblech im vorgeheizten Ofen stellen und 15 Minuten backen, bis der Blätterteig goldbraun und gut aufgegangen ist.

5 Das Gemüsegericht auf vorgewärmten Tellern anrichten und sofort mit neuen Kartoffeln servieren.

VEGETARISCH

Filo-Pasteten mit Sellerie, Maronen & Feta

Für 4 Portionen   Vorbereitung: 15 Min.   Garzeit: 26–30 Min.

Zutaten

4 EL Olivenöl

2 Knoblauchzehen, zerdrückt

1 kleine oder ½ große Selleriestaude, in dünne Scheiben geschnitten

250 g Babyspinat, gewaschen und abgetropft

80 g gegarte Esskastanien, grob gehackt

200 g Feta, zerbröselt

1 Ei

2 EL Pesto

1 EL frisch gehackte Petersilie

Pfeffer

4 Blätter Filoteig (à ca. 32 cm × 20 cm)

Zubereitung

1 Den Backofen auf 190 °C vorheizen. 1 Esslöffel Öl in einer großen Pfanne bei niedriger Temperatur erhitzen und den Knoblauch darin 1 Minute unter ständigem Rühren dünsten. Die Selleriescheiben zugeben und 5 Minuten dünsten, bis sie weich sind und hellbraun werden. Aus der Pfanne nehmen und warm halten.

2 1 Esslöffel Öl in die Pfanne geben, den Spinat zufügen und abgedeckt 2–3 Minuten dünsten, bis die Blätter zusammengefallen sind. Ohne Deckel kochen, bis die Flüssigkeit verdampft ist.

3 Knoblauch, Sellerie, Spinat, Esskastanien, Käse, Ei, Pesto, Petersilie und etwas Pfeffer in einer großen Schüssel vermengen. Eine große oder vier kleine ofenfeste Formen einfetten und die Mischung hineinfüllen.

4 Die Filoteigblätter mit dem restlichen Öl einpinseln und leicht zerknittert auf die Gemüsemischung legen. Im vorgeheizten Backofen 15–20 Minuten backen, bis der Teig goldbraun ist. Sofort servieren.

Pikante Polenta mit pochierten Eiern

Für 4 Portionen   Vorbereitung: 20 Min. plus Kühlzeit   Garzeit: 15–18 Min.

Zutaten

Öl, zum Einfetten

600 ml Wasser

150 g Polenta

80 g Parmesan, frisch gerieben

40 g Butter

½–1 frischer roter Chili, entkernt und sehr fein gehackt

200 g Babyspinat oder eine Mischung aus Babyspinat und Rucola

2 TL Weißweinessig

4 große Eier

Salz und Pfeffer

Zubereitung

1 Eine quadratische Auflaufform (18 cm x 18 cm) einfetten. Das Wasser in einem Topf zum Kochen bringen. Die Polenta unter Rühren langsam einstreuen und 3 Minuten bei schwacher bis mittlerer Hitze unter Rühren kochen, bis sie andickt. 50 g Käse, 30 g Butter und Chili einrühren. Schnell in die vorbereitete Form füllen und glatt streichen. 30 Minuten abkühlen und fest werden lassen, dann vier Scheiben (9 cm Ø) ausstechen und auf ein Backblech legen. Den Backofengrill auf hoher Stufe vorheizen.

2 Den Spinat waschen und feucht in einen großen Topf geben. Abdecken und 2–3 Minuten dünsten, bis er zusammenfällt. Auf einen Teller geben, einen zweiten darüberlegen und das überschüssige Wasser herausdrücken. Wieder in den Topf geben.

3 Die Polentascheiben mit dem restlichen Käse bestreuen und unterm Grill 3 Minuten überbacken, bis der Käse goldbraun ist. Warm stellen. Währenddessen die restliche Butter zum Spinat geben, mit Salz und Pfeffer würzen und erhitzen.

4 Einen Topf halb mit Wasser füllen, den Essig hineingeben und zum Köcheln bringen. Die Eier in Tassen aufschlagen und ins Wasser gleiten lassen. 3 Minuten bei schwacher Hitze

pochieren, ohne sie zu kochen, bis das Eiweiß fest und das Eigelb noch weich ist. Mit einem Schaumlöffel herausheben und kurz auf Küchenpapier abtropfen.

5 Die Polentascheiben auf vier vorgewärmte Teller legen und den Spinat darauf anrichten. Die Eier daraufsetzen und mit etwas Salz und Pfeffer bestreuen. Sofort servieren.

Baguettebrötchen mit gegrilltem Gemüse

Für 4 Portionen   Vorbereitung: 20 Min.   Garzeit: 12 Min.

Zutaten

1 kleine Aubergine

2 Knoblauchzehen

2 EL Olivenöl

2 rote, gelbe oder grüne Paprika

1 Zucchini

1 rote Zwiebel

4 Baguettebrötchen

4 EL Pesto

40 g Pecorino, frisch gehobelt

Salz und Pfeffer

Salat

280 g gemischte Salatblätter, gewaschen und abgetropft

3 EL Rotweinessig

½ TL Salz

¼ TL Pfeffer

4 EL Olivenöl

30 g Parmesan, frisch gehobelt

Zubereitung

1 Einen großen Teller mit einer doppelten Lage Küchenpapier auslegen. Die Aubergine in 5 mm dicke Scheiben schneiden und mit Salz bestreuen. Die Scheiben nebeneinander auf den vorbereiteten Teller legen. Den Knoblauch fein hacken und in einer kleinen Schüssel mit dem Öl vermischen. Die Paprika entstielen, entkernen und in Ringe schneiden. Die Zucchini der Länge nach in 5 mm breite Streifen schneiden. Die Zwiebel schälen und in 5 mm dicke Ringe schneiden. Die Auberginen mit Küchenpapier trocken tupfen und alle Gemüsesorten von beiden Seiten mit dem Knoblauchöl bestreichen. Mit Salz und Pfeffer bestreuen.

2 Den Backofengrill vorheizen. Eine Grillpfanne auf hoher Stufe erhitzen und das Gemüse nebeneinander hineinlegen. 4 Minuten von jeder Seite grillen, bis das Gemüse weich ist und die Grill-streifen sichtbar werden. In der Zwischenzeit die Brötchen auf-schneiden und die Schnittflächen mit dem Pesto bestreichen. Für den Salat die Salatblätter in eine Schüssel geben. Essig, Salz und Pfeffer in eine kleine Schüssel geben und langsam das

VEGETARISCH

Olivenöl mit dem Schneebesen einrühren. Über den Salat gießen und vermengen. Den Parmesan darüberstreuen und erneut vermengen.

3 Das gegrillte Gemüse auf die unteren Hälften der Brötchen schichten und mit dem Pecorino belegen. Auf ein Backblech setzen und unter den heißen Backofengrill schieben. 2 Minuten grillen, bis der Käse zu schmelzen beginnt. Die Oberseite der Brötchen auflegen und heiß servieren. Dazu den Salat reichen.

Gemüseragout mit Couscous

Für 4 Portionen   Vorbereitung: 15 Min.   Garzeit: 15 Min.
plus Ziehzeit

Zutaten

1 Zwiebel

2 Knoblauchzehen

2 EL Olivenöl

1 orange oder rote Paprika

225 g grüne Bohnen

400 g Kichererbsen aus der Dose

2 EL Garam masala

1 TL Salz

225 ml Gemüsebrühe

400 g gehackte Tomaten aus der Dose mit Saft

200 g Couscous

300 g Babyspinat, gewaschen

2 EL frische Petersilienblätter

1 Zitrone

Zum Garnieren

Naturjoghurt

Sriracha-Sauce

Chiasamen

Zubereitung

1 Die Zwiebel schälen und würfeln, den Knoblauch schälen und fein hacken. Das Öl in einer großen Pfanne auf mittlerer bis hoher Stufe erhitzen. Zwiebel und Knoblauch hineingeben und unter gelegentlichem Rühren 5 Minuten dünsten, bis die Zwiebel weich ist. In der Zwischenzeit die Paprika entstielen, entkernen und würfeln. Die Enden der Bohnen kappen und die Bohnen in 5 cm lange Stücke schneiden. Die Kichererbsen abgießen und abspülen.

2 Bohnen und Paprika mit Kichererbsen, Garam masala und Salz in die Pfanne geben. Brühe und Dosentomaten samt Saft zugießen und alles zum Kochen bringen. 5 Minuten köcheln, bis die Bohnen beginnen, weich zu werden. Couscous und Spinat unterrühren, vom Herd nehmen und abdecken. Etwa 5 Minuten ziehen lassen, bis der Couscous weich und der Spinat zusammengefallen ist. In der Zwischenzeit die Petersilie fein hacken.

3 Die Zitrone auspressen und den Saft mit der Petersilie unter das Ragout mengen. Mit einem Löffel Joghurt, einem Spritzer Sriracha-Sauce und einer Prise Chiasamen garnieren und heiß servieren.

Spargel-Tomaten-Risotto

Für 4 Portionen   Vorbereitung: 10 Min.   Garzeit: 35 Min.

Zutaten

1 l Gemüsebrühe

40 g Butter

1 EL Olivenöl

1 kleine Zwiebel, fein gehackt

6 getrocknete Tomaten, in dünne Streifen geschnitten

280 g Risottoreis

150 ml trockener Weißwein

225 g frischer grüner Spargel, gegart

80 g Parmesan, frisch gerieben

Salz und Pfeffer

Zitronenzesten, zum Garnieren

Zubereitung

1 Die Brühe in einem kleinen Topf aufkochen und warm halten.

2 In einem großen Topf 25 g Butter mit dem Öl bei mittlerer Hitze zerlassen.

3 Zwiebel und Tomaten darin unter gelegentlichem Rühren 5 Minuten dünsten, aber nicht bräunen.

4 Die Hitze reduzieren, den Reis zugeben und unter ständigem Rühren 2–3 Minuten glasig dünsten. Mit dem Wein ablöschen und 1 Minute unter Rühren einkochen lassen.

5 Die heiße Brühe nach und nach schöpflöffelweise zugeben; dabei ständig rühren und weitere Brühe zugießen, sobald der Reis die vorangegangene Portion aufgesogen hat. Insgesamt etwa 20 Minuten kochen, bis der Reis gar und cremig ist und die gesamte Brühe aufgesogen hat. Mit Salz und Pfeffer würzen.

6 Währenddessen einige Spargelstangen für die Garnierung beiseitelegen. Den restlichen Spargel in 2,5 cm lange Stücke schneiden und während der letzten 5 Minuten Garzeit im Risotto mitköcheln lassen.

7 Den Risotto vom Herd nehmen und die restliche Butter einrühren. Dann den Käse unterheben und schmelzen lassen. Den fertigen Risotto auf vorgewärmte Teller verteilen und mit Spargel-stangen und Zitronenzesten garniert sofort servieren.

Risotto mit Erbsen & Gorgonzola

Für 4 Portionen   Vorbereitung: 15 Min.   Garzeit: 28–30 Min.

Zutaten

2 EL Olivenöl

25 g Butter

1 Zwiebel, fein gehackt

1 Knoblauchzehe, fein gehackt

350 g Risottoreis

150 ml trockener Weißwein

1,3 l heiße Gemüsebrühe

350 g Erbsen, Tiefkühlware aufgetaut

150 g Gorgonzola, zerbröckelt

2 EL frisch gehackte Minze

Salz und Pfeffer

Zubereitung

1 Öl und Butter in einem großen Topf auf mittlerer Stufe erhitzen. Die Zwiebel darin 3–4 Minuten unter Rühren garen, bis sie weich ist.

2 Knoblauch und Reis hinzufügen und gut in der Butter-Öl-Mischung schwenken. Unter Rühren 2–3 Minuten dünsten, bis die Körner glasig sind. Den Wein zugießen und unter Rühren 1 Minute kochen.

3 Nach und nach die heiße Gemüsebrühe schöpflöffelweise zugeben. 15 Minuten garen, dabei ständig rühren; dann die Erbsen unterrühren und weitere 5 Minuten garen, bis die Flüssigkeit vollständig aufgesogen und der Risotto schön cremig ist.

4 Den Topf vom Herd nehmen, Gorgonzola und Minze zufügen und mit Salz und Pfeffer abschmecken.

5 Den Risotto in vorgewärmten Schalen anrichten und sofort servieren.

Pizza mit gemischten Pilzen

Für 2 Portionen   Vorbereitung: 20 Min.   Garzeit: 16–19 Min.

Zutaten

3 EL Oliven- oder Pflanzenöl

2 Knoblauchzehen, zerdrückt

2 EL frisch gehackter Oregano

2 Pizzateigböden
(à 23 cm Ø, Fertigprodukt)

80 g Ricotta

1 EL Milch

40 g Butter

350 g gemischte Pilze, z.B. Steinpilze,
Pfifferlinge und braune Champignons,
in Scheiben geschnitten

2 TL Zitronensaft

1 EL frisch gehackter Majoran

4 EL frisch geriebener Parmesan

Salz und Pfeffer

Zubereitung

1 Den Backofen auf 230 °C vorheizen. 2 Esslöffel Öl, Knoblauch und Oregano in einer kleinen Schüssel verrühren und auf die Pizzaböden streichen.

2 Ricotta und Milch in einer Schüssel verrühren, mit Salz und Pfeffer abschmecken und die Mischung auf den Pizzaböden verteilen.

3 Die Butter und das restliche Öl in einer Pfanne erhitzen. Die Pilze zugeben und bei starker Hitze 2 Minuten anbraten. Die Pfanne vom Herd nehmen und dann die Pilze mit Salz, Pfeffer, Zitronensaft und Majoran würzen.

4 Die Pilzmischung auf den Pizzaböden verteilen. Dabei einen 1 cm breiten Rand frei lassen. Mit dem Parmesan bestreuen und etwa 12–15 Minuten im Ofen backen, bis der Rand schön knusprig ist. Sofort servieren.

Überbackene Zucchini

Für 4 Portionen   Vorbereitung: 15–20 Min.   Garzeit: 15 Min.

Zutaten

4 Zucchini

2 EL natives Olivenöl extra

120 g Mozzarella,
in dünne Scheiben geschnitten

2 große Tomaten, entkernt
und gewürfelt

2 TL frisch gehackter
Basilikum oder Oregano

Salz und Pfeffer

Zubereitung

1 Den Backofen auf 200 °C vorheizen. Die Zucchini der Länge nach in vier Scheiben schneiden, dabei den Stielansatz nicht durchschneiden. Die Zucchini fächerartig auseinanderdrücken. Mit dem Öl bepinseln und auf ein großes Backblech legen.

2 Die Zucchini im vorgeheizten Ofen 10 Minuten backen; dabei darauf achten, dass sie nicht zu weich werden.

3 Die Zucchini aus dem Ofen nehmen, in eine Auflaufform geben und mit Salz und Pfeffer würzen. Die Käsescheiben darauflegen und mit Tomaten und Basilikum garnieren. 5 Minuten in den Ofen stellen, bis der Käse geschmolzen ist.

4 Die überbackenen Zucchini auf vorgewärmten Tellern anrichten und sofort servieren.

Auberginengratin

Für 2 Portionen   Vorbereitung: 10 Min.   Garzeit: 30–35 Min.

Zutaten

4 EL Olivenöl

2 Zwiebeln, fein gehackt

2 Knoblauchzehen, sehr fein gehackt

2 Auberginen, in dicken Scheiben

3 EL frisch gehackte glatte Petersilie, plus einige Blätter zum Garnieren

½ TL getrockneter Thymian

400 g gehackte Tomaten aus der Dose

175 g Mozzarella, grob gerieben

6 EL frisch geriebener Parmesan

Salz und Pfeffer

Zubereitung

1 Das Öl in einer Kasserolle auf mittelstarker Stufe erhitzen und die Zwiebeln darin 5 Minuten weich dünsten.

2 Den Knoblauch zufügen und einige Sekunden mitgaren, bis er gerade Farbe annimmt. Die Zwiebel-Knoblauch-Mischung mit einem Schaumlöffel herausheben und auf einen Teller geben.

3 Die Auberginenscheiben in mehreren Portionen in derselben Kasserolle von beiden Seiten leicht braun anbraten. Auf einen zweiten Teller legen.

4 Den Backofen auf 200 °C vorheizen. Den Boden der Kasserolle mit einer Schicht Auberginen belegen. Mit je etwas Petersilie, Thymian, Salz und Pfeffer bestreuen.

5 Mit einer Schicht Zwiebel-Knoblauch-Mischung, Tomaten und Mozzarella fortfahren und wieder mit Petersilie, Thymian, Salz und Pfeffer bestreuen. In dieser Reihenfolge weitere Lagen schichten und mit Auberginenscheiben abschließen.

6 Mit dem Parmesan bestreuen und 20–30 Minuten im vorgeheizten Ofen backen, bis das Gratin goldbraun ist und die Auberginen gar sind. Mit Petersilie garniert heiß servieren.

VEGETARISCH

Gemüse-Tofu süßsauer

Für 4 Portionen   Vorbereitung: 15 Min.   Garzeit: 10–12 Min.

Zutaten

2 EL Pflanzenöl

2 Knoblauchzehen, zerdrückt

2 Selleriestangen, in dünne
Scheiben geschnitten

1 Karotte, in dünne
Streifen geschnitten

1 grüne Paprika, gewürfelt

80 g Zuckererbsen, schräg halbiert

8 Babymaiskolben

120 g Bohnensprossen

450 g Tofu, abgetropft und gewürfelt

Sauce

2 EL Rohrzucker

2 EL Weinessig

225 ml Gemüsebrühe

1 TL Tomatenmark

1 EL Speisestärke

Zubereitung

1 Einen Wok oder eine Pfanne auf hoher Stufe erhitzen. Das Öl zugießen und sehr heiß werden lassen. Knoblauch, Sellerie, Karotte, Paprika, Zuckererbsen und Mais hinzufügen und unter ständigem Rühren 3–4 Minuten dünsten.

2 Bohnensprossen und Tofu in den Wok geben und weitere 2 Minuten unter ständigem Rühren garen.

3 Für die Sauce Zucker, Weinessig, Gemüsebrühe, Tomatenmark und Speisestärke in eine Schüssel geben und gut vermengen. Die Mischung in den Wok einrühren, erhitzen und unter ständigem Rühren kochen, bis die Sauce eindickt. Dann 1 weitere Minute garen.

4 Das Gemüse-Tofu in vorgewärmten Schalen anrichten und sofort servieren.

Kohl-Walnuss-Pfanne

Für 4 Portionen   Vorbereitung: 15 Min.   Garzeit: 12–13 Min.

Zutaten

4 EL Erdnussöl

1 EL Walnussöl

2 Knoblauchzehen, zerdrückt

350 g Weißkohl, in dünne Streifen geschnitten

350 g Rotkohl, in dünne Streifen geschnitten

8 Frühlingszwiebeln, in Ringe geschnitten

225 g fester Tofu, gewürfelt

2 EL Zitronensaft

100 g Walnusshälften

2 TL Dijon-Senf

Salz und Pfeffer

2 TL Mohnsaat, zum Garnieren

Zubereitung

1 Einen Wok oder eine große Pfanne auf hoher Stufe erhitzen. Die Öle zugießen und sehr heiß werden lassen. Knoblauch, Weißkohl, Rotkohl, Frühlingszwiebeln und Tofu hinzufügen und unter ständigem Rühren 5 Minuten dünsten.

2 Zitronensaft, Walnüsse und Senf zugeben und alles gut vermengen.

3 Die Mischung mit Salz und Pfeffer abschmecken und etwa weitere 5 Minuten garen, bis der Kohl weich ist.

4 Das Pfannengericht in vorgewärmte Schalen geben, mit der Mohnsaat garnieren und sofort servieren.

VEGETARISCH

Scones mit Feta & Oliven

Für 8 Portionen   Vorbereitung: 20 Min.   Garzeit: 12–15 Min.

Zutaten

400 g Mehl, plus etwas mehr zum Bestäuben

4 TL Backpulver

¼ TL Salz

80 g Butter, plus etwas mehr zum Einfetten und zum Servieren

40 g entsteinte schwarze Oliven, gehackt

40 g sonnengetrocknete Tomaten in Öl, abgetropft und gehackt

80 g Feta, zerkrümelt

200 ml Milch, plus etwas mehr zum Bestreichen

Pfeffer

Zubereitung

1 Den Backofen auf 220 °C vorheizen. Ein Backblech einfetten.

2 Mehl, Backpulver, Salz und Pfeffer nach Geschmack in eine Schüssel sieben und die Butter mit den Fingerspitzen einarbeiten.

3 Oliven, Tomaten und Feta einrühren, dann so viel Milch einarbeiten, dass ein weicher, geschmeidiger Teig entsteht.

4 Den Teig auf einer bemehlten Arbeitsfläche zu einem 3 cm dicken Rechteck ausrollen und in 6 cm x 6 cm große Quadrate schneiden. Die Teigquadrate auf das Blech setzen, mit Milch bestreichen und im Ofen 12–15 Minuten backen, bis sie goldgelb sind.

5 Die Scones ofenfrisch mit Butter servieren.

Variation

Auch andere mediterrane Aromen passen sehr gut zu diesen Scones. Fügen Sie zusätzlich gehackten Knoblauch und Rosmarin zu oder geben Sie statt Oliven und Feta nur gehackte getrocknete Tomaten und Fenchelsamen in den Teig.

VEGETARISCH

GEBÄCK & DESSERTS

Warmer Schoko-Schichtkuchen

Für 8 Portionen Vorbereitung: 20–25 Min. Garzeit: 8–10 Min.
plus Kühlzeit

Zutaten

Butter, zum Einfetten

3 Eier

80 g feiner Zucker, plus etwas
mehr zum Bestreuen

80 g Mehl

2 EL Kakaopulver, plus etwas mehr
zum Bestäuben

Schokoladenflocken (weiße und
Bitterschokolade), zum Dekorieren

Füllung

125 g Bitterschokolade,
in Stücke gebrochen

60 g Butter

40 g Puderzucker

5 g Kakaopulver

200 g Schlagsahne

Zubereitung

1 Den Backofen auf 200 °C vorheizen. Eine flache Backform
(23 cm x 18 cm) einfetten und Boden und Seiten mit Backpapier
auslegen. Eier und Zucker in eine Schüssel geben und auf einen
Topf mit siedendem Wasser stellen. Mit dem Handrührgerät
3–4 Minuten schlagen, bis die Mischung hellgelb und cremig ist.

2 Mehl und Kakaopulver hineinsieben und vorsichtig unterheben.
In die Backform füllen und glatt streichen. 8–10 Minuten im
vorgeheizten Ofen backen, bis der Teig aufgegangen ist und bei
Fingerdruck elastisch nachgibt. Ein Blatt Backpapier mit Zucker
bestreuen.

3 In der Zwischenzeit Schokolade und Butter in einem Topf bei
sehr geringer Temperatur unter Rühren schmelzen. Vom Herd
nehmen, Puderzucker und Kakao hineinsieben, gut vermischen
und abkühlen lassen. Die Sahne steif schlagen und kalt stellen.

4 Den Kuchen aus dem Ofen nehmen und sofort auf das ge-
zuckerte Backpapier stürzen. Längs in drei Streifen schneiden
und auf ein Kuchengitter setzen. 5–8 Minuten auskühlen lassen.
Die Schokoladencreme auf alle Kuchenstreifen streichen. Dann
die steif geschlagene Sahne auf zwei Streifen streichen und

übereinanderschichten. Mit dem Streifen ohne Sahne abschließen. Mit Schokoladenflocken dekorieren und mit Kakaopulver bestäuben.

Variation

Nichts passt besser zu Schokolade als Kaffee. Sie können diesem Kuchen einen Hauch von Mokkaaroma verleihen, indem Sie der Schokoladenfüllung einen Schuss Espresso hinzufügen, bevor Sie diese auf die Kuchenböden streichen.

Sommertörtchen

Für 6 Portionen   Vorbereitung: 20–25 Min.   Garzeit: 15 Min.
plus Kühlzeit

Zutaten

375 g ausgerollter Mürbeteig
(Fertigprodukt)

250 g Mascarpone

5 Tropfen Vanillearoma

1 EL flüssiger Honig

400 g gemischte Sommerbeeren,
z. B. Erdbeeren, Himbeeren,
Johannis- und Blaubeeren

Puderzucker, zum Bestäuben

Zubereitung

1 Den Backofen auf 200 °C vorheizen. Die Teigplatte auf einer Arbeitsfläche ausrollen und in sechs Quadrate schneiden. Sechs Tarteletteförmchen mit Hebeboden (10–12 cm Ø) locker mit den Teigquadraten auskleiden.

2 Mit einer Teigrolle über die Förmchen rollen, um überstehenden Teig abzutrennen. Den Teig gut an den Wellenrand andrücken.

3 Die Förmchen auf ein Backblech setzen und die Böden mehrmals mit einer Gabel einstechen. Mit Backpapierstücken belegen und mit Hülsenfrüchten beschweren.

4 Im vorgeheizten Ofen 10 Minuten blindbacken. Dann Backpapier samt Hülsenfrüchten entfernen und die Teigböden weitere 5 Minuten im Ofen bräunen. Die Teigböden 10 Minuten in den Förmchen auskühlen lassen. Dann vorsichtig aus den Förmchen lösen und auf einem Kuchengitter vollständig erkalten lassen.

5 Den Mascarpone mit Vanillearoma und Honig glatt rühren und in die Teigböden streichen.

6 Die Erdbeeren halbieren und mit den restlichen Beeren mischen. Die Törtchen damit belegen. Unmittelbar vor dem Servieren mit Puderzucker bestäuben.

Apfeltaschen

Ergibt: 8 Stück   **Vorbereitung: 25 Min.**   **Garzeit: 15–20 Min.**

Zutaten

250 g Blätterteig,
Tiefkühlware aufgetaut

Mehl, zum Bestäuben

Milch, zum Bestreichen

Füllung

450 g Kochäpfel, geschält, entkernt
und klein gewürfelt

fein abgeriebene Schale von
1 Zitrone (nach Belieben)

1 Prise gemahlene Gewürznelke
(nach Belieben)

3 EL Zucker

Orangenzucker

1 EL Zucker, zum Bestreuen

fein abgeriebene Schale
von 1 Orange

Orangensahne

250 g Schlagsahne

fein abgeriebene Schale von
1 Orange und Saft von ½ Orange

Puderzucker, zum Abschmecken

Zubereitung

1 Für die Füllung Äpfel, Zitronenschale und Nelke, falls verwendet, mischen. (Den Zucker später zugeben, da das Obst sonst Wasser zieht.) Für den Orangenzucker Zucker und Orangenschale mischen.

2 Den Backofen auf 220 °C vorheizen. Den Blätterteig auf einer bemehlten Arbeitsfläche zu einem 60 cm x 30 cm großen Rechteck ausrollen. Die Teigplatte längs halbieren, dann quer in 4 Quadrate (15 cm x 15 cm) schneiden.

3 Den Zucker unter die Äpfel mischen. Die Teigquadrate dünn mit Milch bestreichen und etwas Apfelfüllung in die Mitte geben. Die Teigquadrate diagonal zu Dreiecken falten und am Rand fest zusammendrücken. Auf ein Backblech legen. Mit Milch bestreichen und mit dem Orangenzucker bestreuen. Im vorgeheizten Ofen 15–20 Minuten backen, bis die Apfeltaschen goldgelb sind. Auf einem Kuchengitter abkühlen lassen.

4 Für die Orangensahne die Sahne mit Orangenschale und -saft steif schlagen. Nach Belieben mit etwas Puderzucker süßen. Die Apfeltaschen lauwarm mit der Orangensahne servieren.

Blaubeer-Zitronen-Küchlein

Ergibt: 8 Stück

Vorbereitung: 20 Min. plus Kühlzeit

Garzeit: 18–22 Min.

Zutaten

120 g Butter, gewürfelt, plus etwas mehr zum Einfetten

3 Eiweiß (Eier Größe L)

1 Prise Salz

60 g Mehl

150 g Puderzucker, plus etwas mehr zum Bestäuben

80 g gemahlene Mandeln

1 TL fein abgeriebene Zitronenschale

60 g Blaubeeren

Zubereitung

1 Den Backofen auf 220 °C vorheizen. In einem Topf die Butter auf niedriger Stufe zerlassen. In eine flache Schüssel gießen und einige Minuten abkühlen lassen. Acht Vertiefungen einer Muffinform aus Silikon sorgfältig einfetten und auf ein Backblech setzen.

2 Eiweiß und Salz in einer großen Schüssel 1–2 Minuten mit dem elektrischen Handrührgerät schlagen, bis der Eischnee Spitzen bildet, aber noch nicht steif ist. Mehl und Puderzucker hineinsieben und mit gemahlenen Mandeln und abgeriebener Zitronenschale unter den weichen Eischnee heben. Die zerlassene Butter zufügen und behutsam zu einem glatten Teig verrühren.

3 Den Teig gleichmäßig in die Vertiefungen der Muffinform füllen und die Blaubeeren darauf verteilen. 14–18 Minuten im vorgeheizten Ofen backen, bis die Küchlein aufgegangen und goldbraun sind und sich fest anfühlen. 5 Minuten in der Backform abkühlen lassen und anschließend auf einem Kuchengitter nach Wunsch vollständig auskühlen lassen. Warm oder kalt servieren und vorher mit Puderzucker bestäuben.

Riesenschokoladen-plätzchen

Ergibt: 12 Stück **Vorbereitung: 20 Min.** plus Kühlzeit **Garzeit: 15–20 Min.**

Zutaten

120 g weiche Butter

125 g feiner Zucker

125 g Rohrzucker

2 große Eier, leicht verquirlt

5 Tropfen Vanillearoma

280 g Mehl

1 TL Natron

300 g Milchschokolade, in Stücke gebrochen

Zubereitung

1 Den Backofen auf 180 °C vorheizen. Zwei Backbleche mit Backpapier auslegen.

2 Butter und beide Zuckersorten in eine große Schüssel geben und hell und cremig rühren. Eier und Vanillearoma hinzufügen und einrühren. Dann Mehl und Natron darübersieben und sorgfältig unterziehen. Zum Schluss die Schokoladenstücke einarbeiten.

3 Mit einem Löffel zwölf Teigportionen mit ausreichend Abstand auf die vorbereiteten Backbleche setzen. Die Plätzchen im vorgeheizten Ofen 15–20 Minuten goldbraun backen. Herausnehmen, noch 2 Minuten auf den Blechen abkühlen lassen, dann auf ein Kuchengitter geben und vollständig auskühlen lassen.

Schoko-Himbeer-Muffins

Ergibt: 12 Stück

Vorbereitung: 20 Min. plus Kühlzeit

Garzeit: 20–25 Min.

Zutaten

250 g Mehl

1 EL Backpulver

120 g feiner Zucker

90 g kalte Butter

1 Ei (Größe L)

175 ml Milch

175 g Himbeeren

140 g weiße Schokoladentröpfchen

Zubereitung

1 Den Backofen auf 200 °C vorheizen. Eine 12er-Muffinform mit Papierbackförmchen auslegen.

2 Mehl und Backpulver in eine Schüssel sieben und mit dem Zucker vermengen. Die Butter grob reiben und mit einer Gabel in die Mehlmischung einarbeiten. Das Ei in einer großen Schüssel leicht verquirlen, dann die Milch einrühren.

3 In die Mitte der trockenen Zutaten eine Mulde drücken und die Ei-Milch-Mischung hineingießen. Zu einem leicht klumpigen Teig verrühren; nicht zu lange rühren. Himbeeren und die Hälfte der Schokotröpfchen unterheben.

4 Den Teig mit einem Teelöffel in die Papierförmchen füllen und mit den restlichen Schokotröpfchen bestreuen. 20–25 Minuten im vorgeheizten Ofen backen, bis die Muffins aufgegangen und goldbraun sind und sich fest anfühlen. 5 Minuten abkühlen lassen, aus der Backform nehmen und auf einem Kuchengitter vollständig auskühlen lassen.

Einfache Müsliriegel

Ergibt: 14 Stück

Vorbereitung: 15 Min. plus Kühlzeit

Garzeit: 20–25 Min.

Zutaten

140 g Haferflocken

120 g Demerara-Zucker

80 g Rosinen

120 g Butter, zerlassen, plus etwas mehr zum Einfetten

Zubereitung

1   Den Backofen auf 190 °C vorheizen. Eine rechteckige Backform (28 cm x 18 cm) einfetten.

2   Haferflocken, Zucker, Rosinen und Butter sorgfältig vermengen. Die Masse in die vorbereitete Form füllen und mit einem Löffelrücken andrücken. Im vorgeheizten Ofen 15–20 Minuten goldbraun backen.

3   Mit einem scharfen Messer in 14 Riegel schneiden und 10 Minuten in der Form abkühlen lassen. Die Riegel vorsichtig aus der Form heben und auf einem Kuchengitter vollständig erkalten lassen.

Donuts mit Gewürzzucker

Ergibt: 6–12 Stück   Vorbereitung: 20 Min. plus Kühlzeit   Garzeit: 15 Min.

Zutaten

120 g Mehl

1¾ TL Backpulver

70 g feiner Zucker

1 TL Lebkuchen-Gewürzmischung

75 ml Milch

1 Ei, verquirlt

2–3 Tropfen Vanillearoma

25 g Butter, zerlassen, plus etwas mehr zum Einfetten

Zuckerbelag

2 EL feiner Zucker

1 TL Lebkuchen-Gewürzmischung

Zubereitung

1 Den Backofen auf 190 °C vorheizen. Die Vertiefungen einer 6er-Donutform oder 12er-Mini-Muffinform sorgfältig einfetten. Mehl und Backpulver in eine Schüssel sieben und mit Zucker und Gewürzmischung vermengen. Eine Mulde in die Mitte drücken. Milch, Ei, Vanillearoma und zerlassene Butter verrühren und in die Mulde geben. Alle Zutaten mit einem Holzlöffel verrühren.

2 Den Teig in einen Spritzbeutel mit runder Tülle füllen (die Tülle vor dem Einfüllen verschließen, damit der Teig nicht ausläuft, und erst vor dem Spritzen wieder freilegen). Den Teig so akkurat wie möglich in die vorbereitete Backform spritzen. Jede Vertiefung sollte etwa zu zwei Dritteln gefüllt sein.

3 Im vorgeheizten Ofen 12–14 Minuten (Mini-Muffinform: 10–12 Minuten) backen, bis die Donuts aufgegangen und goldbraun sind – sie sollten sich fest anfühlen. Zucker und Gewürzmischung auf einem Teller vermischen. Die Donuts 2–3 Minuten in der Backform auskühlen lassen und dann vorsichtig herausnehmen. Im Gewürzzucker wenden, bis sie ganz bedeckt sind, und warm oder kalt servieren.

Apfel-Streusel-Cupcakes

Ergibt: 14 Stück   Vorbereitung: 25 Min. plus Kühlzeit   Garzeit: 20 Min.

Zutaten

½ TL Natron

280 g Apfelmus

50 g weiche Butter

80 g Rohrzucker

1 großes Ei

175 g Mehl

2 TL Backpulver

½ TL Zimt

½ TL frisch geriebene Muskatnuss

Streusel

50 g Mehl

50 g Rohrzucker

¼ TL Zimt

frisch geriebene Muskatnuss nach Geschmack

35 g Butter

Zubereitung

1 Den Backofen auf 180 °C vorheizen. 12 Papierförmchen in eine 12er-Muffinform setzen.

2 Für die Streusel Mehl, Zucker, Zimt und Muskatnuss in einer Schüssel mischen. Die Butter in Flöckchen schneiden und zugeben. Alles mit den Fingern zu einer bröseligen Masse vermischen. Beiseitestellen.

3 Das Natron zum Apfelmus geben und unter Rühren auflösen.

4 Butter und Zucker in einer großen Schüssel hell und schaumig rühren. Das Ei in einer kleinen Schüssel verquirlen, dann zugeben. Mehl, Backpulver, Zimt und Muskatnuss daraufsieben und unterheben. Das Apfelmus löffelweise unterheben.

5 Den Teig in die Papierförmchen füllen. Die Streusel darauf verteilen und vorsichtig andrücken. Im vorgeheizten Backofen 20 Minuten backen, bis die Cupcakes aufgegangen und goldbraun sind und auf Fingerdruck leicht nachgeben. Auf einem Kuchengitter abkühlen lassen.

Zitronenkuchen

Ergibt: 9 Stück

Vorbereitung: 20 Min.
plus Kühlzeit

Garzeit: 20–25 Min.

Zutaten

120 g weiche Butter, plus etwas
mehr zum Einfetten

120 g feiner Zucker

120 g Mehl

1 TL Backpulver

2 Eier

fein abgeriebene Schale und
Saft von ½ Zitrone

Glasur

80 g Zucker

fein abgeriebene Schale und Saft
von ½ großen Zitrone

Zubereitung

1 Den Backofen auf 200 °C vorheizen. Eine flache, quadratische Backform (20 cm × 20 cm) einfetten und Boden und Seiten mit Backpapier auslegen. Butter, Zucker, Mehl, Backpulver, Eier, abgeriebene Zitronenschale und Zitronensaft in einer Schüssel 1–2 Minuten mit dem elektrischen Handrührgerät cremig rühren.

2 Den Teig in die vorbereitete Backform füllen und glatt streichen. 20–25 Minuten im vorgeheizten Ofen backen, bis der Teig goldbraun aufgegangen ist und sich fest anfühlt. In der Zwischenzeit die Glasur vorbereiten. Dazu Zucker, abgeriebene Zitronenschale und Zitronensaft in einer kleinen Schüssel vermengen.

3 Den Kuchen aus dem Ofen nehmen und die Oberfläche überall mit einem kleinen Holzspieß einstechen. Die Glasur über den heißen Kuchen geben. In der Backform auskühlen lassen – die Glasur wird knusprig werden, wenn der Kuchen kalt ist. Aus der Backform nehmen und in Stücke schneiden.

Himbeer-Mandel-Kuchen

Für 8 Portionen   Vorbereitung: 20 Min. plus Kühlzeit   Garzeit: 22–25 Min.

Zutaten

120 g Mehl

1½ TL Backpulver

2 Eier (Größe L)

120 g weiche Butter, plus etwas mehr zum Einfetten

120 g feiner Zucker

40 g gemahlene Mandeln

175 g Himbeeren

2 EL Mandelblättchen

Puderzucker, zum Bestäuben

Zubereitung

1 Den Backofen auf 200 °C vorheizen. Ein Backblech im Ofen erwärmen. Eine runde Springform (24 cm Ø) einfetten und den Boden mit Backpapier auslegen. Mehl und Backpulver in eine große Schüssel sieben. Eier, Butter und Zucker zufügen und 1–2 Minuten mit dem elektrischen Handrührgerät zu einem hellen, cremigen Teig rühren. Die Mandeln unterheben.

2 Den Teig in die vorbereitete Backform geben. Die Oberfläche vorsichtig glatt streichen und mit Himbeeren und Mandelblättchen bestreuen. 22–25 Minuten im vorgeheizten Ofen backen, bis der Kuchen goldbraun aufgegangen ist und sich fest anfühlt.

3 Herausnehmen und den Kuchen 1–2 Minuten in der Backform abkühlen lassen. Dann aus der Form lösen und auf ein Kuchengitter legen. Mit Puderzucker bestäubt warm oder kalt servieren.

Mini-Doppelkekse
mit Schokolade

Ergibt: 22 Stück

Vorbereitung: 25 Min. plus Kühlzeit

Garzeit: 7–8 Min.

Zutaten

100 g weiche Butter

125 g dunkler Muskovado-Zucker

1 Ei, leicht verquirlt

2–3 Tropfen Vanillearoma

175 g Mehl

1¾ TL Backpulver

25 g Kakaopulver

5 EL Milch

4–5 EL Nuss-Nugat-Creme

Zubereitung

1 Den Backofen auf 190 °C vorheizen. Zwei große Backbleche mit Backpapier auslegen. Butter und Zucker in einer Schüssel 1–2 Minuten mit dem elektrischen Handrührgerät cremig rühren. Ei und Vanillearoma unterrühren. Mehl, Backpulver und Kakao in die Schüssel sieben, die Milch zugießen und sanft weiterrühren, bis der Teig glatt ist.

2 Mit einem Löffel oder Spritzbeutel 44 kleine Portionen Teig auf die vorbereiteten Backbleche geben. Die einzelnen Portionen sollten etwa 4 cm Durchmesser haben. 7–8 Minuten im vorgeheizten Ofen backen, bis der Teig gerade eben fest ist. Die heißen Kekse vorsichtig mit einem Palettenmesser auf ein Kuchengitter setzen. 10 Minuten abkühlen lassen.

3 Die Doppelkekse mit einer Schicht Nuss-Nugat-Creme dazwischen zusammensetzen. Falls der Aufstrich schmilzt, weil die Kekse doch noch zu warm sind, noch etwas länger abkühlen lassen.

Zimtschnecken mit Rosinen

Ergibt: 12 Stück   Vorbereitung: 20 Min.   Garzeit: 14–17 Min.

Zutaten

325 g ausgerollter Blätterteig (Fertigprodukt)

25 g weiche Butter

2 EL feiner Zucker

1 TL Zimt

60 g Rosinen

2 EL Aprikosenkonfitüre

Zubereitung

1 Den Backofen auf 220 °C vorheizen. Zwei Backbleche mit etwas Wasser besprenkeln. Den Teig weiter ausrollen und mit der Butter bestreichen, dabei einen 1 cm breiten Rand aussparen. Zucker und Zimt vermengen und gleichmäßig über die Butterschicht streuen, dann die Rosinen darüber verteilen.

2 Den Teig von der Längsseite aus vorsichtig aufrollen. Mit einem scharfen Messer in zwölf gleich große Scheiben schneiden. Die Scheiben mit den Schnittflächen nach unten auf die vorbereiteten Backbleche legen. Mit der Hand die Teigkreise leicht flach drücken. 12–15 Minuten im vorgeheizten Ofen backen, bis das Gebäck aufgegangen und goldbraun ist.

3 Die Zimtschnecken auf ein Kuchengitter legen. Die Konfitüre in einem Topf auf kleiner Stufe erhitzen und durch ein feines Sieb in eine Schüssel streichen. Die heißen Zimtschnecken damit bestreichen. Warm oder kalt servieren.

Weiche Haferflocken-Cookies

Ergibt: 30 Stück

Vorbereitung: 20 Min.
plus Kühl- & Trockenzeit

Garzeit: 12 Min.

Zutaten

175 g Butter oder Margarine, plus
etwas mehr zum Einfetten

250 g Rohrohrzucker

350 g Zuckerrübensirup

3 Eiweiß

250 g Haferflocken

280 g Mehl

1 Prise Salz

1 TL Backpulver

2 EL Puderzucker, zum Glasieren

Zubereitung

1 Den Backofen auf 180 °C vorheizen. Zwei Backbleche einfetten und mit Backpapier auslegen.

2 Butter, Zucker, Sirup und Eiweiß in einer großen Schüssel mischen. Nach und nach Haferflocken, Mehl, Salz und Backpulver sorgfältig unterrühren.

3 Esslöffelgroße Teigportionen mit ausreichend Abstand auf die vorbereiteten Backbleche setzen und 12 Minuten im vorgeheizten Ofen backen, bis die Cookies goldbraun sind.

4 Die Cookies auf einem Kuchengitter erkalten lassen. Den Puderzucker mit wenig Wasser zu einer dünnflüssigen Glasur verrühren. Über die Cookies träufeln und fest werden lassen.

Blaubeer-Scones

Ergibt: 8 Stück

Vorbereitung: 20 Min. plus Kühlzeit

Garzeit: 20–22 Min.

Zutaten

250 g Mehl, plus etwas mehr zum Bestäuben

2 TL Backpulver

¼ TL Salz

80 g kalte Butter, gewürfelt, plus etwas mehr zum Einfetten und Servieren

70 g Rohrohrzucker

120 g Blaubeeren

1 Ei

100 ml Buttermilch

1 EL Milch

1 EL Demerara-Zucker

Zubereitung

1 Den Backofen auf 200 °C vorheizen. Ein Backblech einfetten.

2 Mehl, Backpulver und Salz in eine große Schüssel sieben. Die Butterwürfel mit den Fingern in die trockenen Zutaten reiben, bis eine feinkrümelige Masse entstanden ist. Zucker und Blaubeeren untermischen.

3 Ei und Buttermilch verquirlen und über die Krümelmasse gießen. Alles zu einem weichen Teig verarbeiten. Den Teig auf einer bemehlten Arbeitsfläche sehr behutsam kneten.

4 Den Teig vorsichtig zu einem 18 cm großen Kreis formen und mit einem scharfen Messer in acht gleich große Stücke schneiden. Die Stücke auf das vorbereitete Backblech setzen, mit der Milch bestreichen und mit dem Demerara-Zucker bestreuen. Im vorgeheizten Ofen 20–22 Minuten backen, bis die Scones gut aufgegangen und goldbraun sind. Auf einem Kuchengitter etwas abkühlen lassen, dann mit Butter servieren.

Apfel-Beignets

Für 4 Portionen   Vorbereitung: 20 Min.   Garzeit: 20–24 Min.
plus Trockenzeit

Zutaten

300 g Tafeläpfel,
z. B. Granny Smith,
geschält, entkernt und
in Stücke geschnitten

1 TL Zitronensaft

2 Eier, getrennt

Sonnenblumenöl, zum Frittieren
und Einfetten

150 ml Milch

15 g Butter, zerlassen

70 g Mehl

70 g Weizenvollkornmehl

2 EL Zucker

¼ TL Salz

Zimtglasur

50 g Puderzucker

½ TL Zimt

1 EL Milch, plus eventuell
etwas mehr

Zubereitung

1 Für die Zimtglasur Zucker und Zimt in eine kleine Schüssel sieben und eine Mulde in die Mitte drücken. Langsam die Milch einrühren, bis ein glatter Guss entsteht. Beiseitestellen.

2 Die Äpfel in eine kleine Schüssel geben, den Zitronensaft einrühren und beiseitestellen. Das Eiweiß in einer zweiten Schüssel steif schlagen und beiseitestellen.

3 Reichlich Öl in einer Fritteuse oder einem schweren Frittiertopf auf 180 °C erhitzen (ein Brotwürfel sollte darin in 30 Sekunden bräunen).

4 Währenddessen Eigelb und Milch in einer großen Schüssel verquirlen, dann die Butter einrühren. Beide Mehlsorten, Zucker und Salz hineinsieben; Kleiereste aus dem Sieb dazugeben. Die Zutaten gründlich miteinander verrühren. Die Äpfel samt Saft einrühren, dann den Eischnee unterziehen.

5 Einen Löffel leicht einölen und den Teig damit portionsweise in die Fritteuse geben, ohne sie zu überfüllen. Die Beignets unter einmaligem Wenden 2–3 Minuten rundum goldbraun frittieren. Auf Küchenpapier abtropfen lassen, dann auf ein Kuchengitter legen. Auf diese Weise den gesamten Teig verarbeiten.

6 Die Glasur durchrühren und bei Bedarf mit etwas mehr Milch verdünnen, sodass sie leicht vom Löffel fließt. Über die Beignets träufeln und 3–5 Minuten fest werden lassen. Sofort servieren.

Variation

Ersetzen Sie die Tafeläpfel durch dicke Birnenscheiben, um eine süßere Variante zuzubereiten. Verwenden Sie kein überreifes Obst, da es beim Frittieren seine Form verliert.

Filotörtchen mit Sahne & Erdbeeren

Ergibt: 4 Stück **Vorbereitung:** 25 Min. plus Kühlzeit **Garzeit:** 8–10 Min.

Zutaten

25 g Butter

90 g Filoteig

200 g Erdbeeren

2 EL Erdbeerkonfitüre

150 g Sahne

150 g Puddingcreme (Vanille- oder Sahnegeschmack, Fertigprodukt)

Zubereitung

1 Den Backofen auf 200 °C vorheizen. Die Butter in einem kleinen Topf zerlassen und vier Tartelettefförmchen mit Hebeboden (10 cm Ø) mit ein wenig Butter einfetten. Auf ein Backblech setzen. Den Teig mit einer Schere in 16 Quadrate von 15 cm Seitenlänge schneiden.

2 Jeweils vier Teigquadrate mit leicht versetzten Ecken aufeinanderschichten. Vorder- und Rückseite der Stapel mit der zerlassenen Butter bestreichen. Jeweils in eine vorbereitete Tartletteform drücken und 4–5 Minuten im vorgeheizten Ofen backen, bis die Ränder goldbraun sind. Vorsichtig aus den Backformen lösen und auf das Backblech stürzen. Weitere 2–3 Minuten backen, bis der Teig auch von der Rückseite goldbraun ist.

3 Die gebackenen Teigböden auf ein Kuchengitter legen und 12–14 Minuten auskühlen lassen. In der Zwischenzeit die Erdbeeren vom Stielansatz befreien und in Scheiben schneiden. In eine Schüssel geben und mit der Konfitüre vermengen. Die Sahne steif schlagen, dann die Puddingcreme unterheben. Die Creme auf die vier Törtchen verteilen und mit den Erdbeeren belegen.

Schnelles Tiramisu

Für 4 Portionen   Vorbereitung: 15–20 Min.   Garzeit: keine
plus Kühlzeit (optional)

Zutaten

225 g Mascarpone

1 Ei, getrennt

2 EL Naturjoghurt

2 EL feiner Zucker

2 EL brauner Rum

2 EL Espresso, auf
Zimmertemperatur abgekühlt

8 Löffelbiskuits

2 EL geraspelte Bitterschokolade

Zubereitung

1 Mascarpone, Eigelb und Joghurt in eine große Schüssel geben
und mit dem Schneebesen cremig rühren.

2 Das Eiweiß in einer zweiten Schüssel schaumig aufschlagen. Den
Zucker unterrühren und die Eiweißmasse unter die Mascarpone-
mischung heben. Die Hälfte davon auf vier Dessertgläser verteilen.

3 Rum und Kaffee in eine flache Schale geben und vermischen. Die
Löffelbiskuits eintauchen, in mundgerechte Stücke zerteilen und
auf die Dessertgläser verteilen.

4 Die restliche Rum-Kaffee-Mischung mit dem Mascarpone verrühren und in die Gläser geben. Die Schokoladenraspel darüberstreuen. Sofort servieren oder abdecken und bis zum
Verzehr kühl stellen.

Bananen-Karamell-Baisertorte

Für 8 Portionen   Vorbereitung: 15–20 Min.   Garzeit: 30 Min.
                         plus Kühlzeit (optional)

Zutaten

1 Mürbeteig-Tarteboden (20 cm Ø)

400 g Dulce de leche (Milchkonfitüre)

1 große Banane

3 Eiweiß (Eier Größe L)

175 g feiner Zucker

1 EL Schokoladenspäne

Zubereitung

1 Den Backofen auf 190 °C vorheizen. Den Tarteboden auf ein Backblech setzen. Die Milchkonfitüre mit einem Teigspatel auf dem Tarteboden verstreichen. Die Banane schälen und in dünne Scheiben schneiden. Auf der Milchkonfitüre anrichten.

2 Für das Baiser das Eiweiß in einer sauberen Schüssel mit dem Handrührgerät schlagen, bis sich Spitzen bilden. Nach und nach den Zucker löffelweise einarbeiten, bis die Masse steif und glänzend ist. Das Baiser auf den Bananenscheiben verteilen, dabei mit der Rückseite des Löffels kleine dekorative Wirbel ziehen.

3 Im vorgeheizten Ofen 12–15 Minuten backen, bis das Baiser goldbraun ist. Die Schokoladenspäne über das heiße Baiser streuen und sofort servieren oder auskühlen lassen.

Butterscotch-Sundae mit Mango & Ingwer

Für 4 Portionen   Vorbereitung: 15–20 Min.   Garzeit: 8 Min.

Zutaten

1 große, vollreife Mango

120 g Ingwerkekse

1 l Vanilleeiscreme

2 EL grob gehackte, geröstete Mandeln

Butterscotch-Sauce

100 g Muskovado-Zucker

100 g heller Zuckerrübensirup

50 g Butter

100 g Schlagsahne

2–3 Tropfen Vanillearoma

Zubereitung

1 Für die Butterscotch-Sauce Zucker, Sirup und Butter in einem kleinen Topf schmelzen und 3 Minuten unter gelegentlichem Rühren köcheln lassen. Sahne und Vanillearoma einrühren und den Topf vom Herd nehmen.

2 Die Mango schälen, entsteinen und das Fruchtfleisch in 1 cm große Würfel schneiden. Die Ingwerkekse in einen Gefrierbeutel geben und mit einem Nudelholz leicht zerkleinern.

3 Die Hälfte der Mangowürfel auf vier Dessertgläser verteilen und je 1 Kugel Eis daraufsetzen. Etwas Butterscotch-Sauce darübergeben und mit zerstoßenen Keksen bestreuen. Den Vorgang wiederholen und die Zutaten dabei aufbrauchen.

4 Die Sundaes mit den gerösteten Mandelblättchen bestreuen und sofort servieren.

Schokoladenpudding

Für 6 Portionen   Vorbereitung: 15 Min.   Garzeit: 12–15 Min.

Zutaten

100 g Zucker

4 EL Kakaopulver

2 EL Speisestärke

1 Prise Salz

350 ml Milch

1 Ei, verquirlt

50 g Butter

2–3 Tropfen Vanillearoma

flüssige Schlagsahne, zum Servieren

Zubereitung

1 Zucker, Kakao, Speisestärke und Salz in eine hitzebeständige Schüssel geben, vermischen und beiseitestellen.

2 Die Milch auf mittlerer Stufe erhitzen. Nicht aufkochen lassen.

3 Die Milch weiter bei mittlerer Hitze auf dem Herd lassen. Einige Löffel der heißen Milch über die Zucker-Kakao-Mischung geben und gut vermengen, dann diese Mischung in die Milch einrühren. Das Ei und die Hälfte der Butter unter Rühren zufügen und die Hitze reduzieren.

4 Die Puddingmasse 5–8 Minuten unter häufigem Rühren köcheln lassen, bis die Masse dick und glatt ist. Den Topf vom Herd nehmen, Vanillearoma und die restliche Butter zugeben und rühren, bis die Butter zerlassen und von der Puddingmasse vollständig aufgenommen ist.

5 Den fertigen Pudding in sechs Schälchen füllen, mit flüssiger Sahne garnieren und sofort servieren.

Pflaumen-Mandel-Filotorte

Für 4 Portionen

Vorbereitung: 15 Min. plus Kühlzeit

Garzeit: 21–27 Min.

Zutaten

60 g weiche Butter

4 quadratische Filoteigblätter (ca. 28 cm × 28 cm)

5 kleine rote Pflaumen

1 Ei

60 g gemahlene Mandeln

40 g feiner Zucker, plus 1 EL mehr zum Bestreuen

1 EL Mehl

Puddingcreme (Fertigprodukt), zum Servieren (nach Belieben)

Zubereitung

1 Den Backofen auf 200 °C vorheizen und ein Backblech im Ofen miterwärmen. 20 g Butter in einem kleinen Topf zerlassen und davon etwas zum Einfetten einer Tarteform mit Hebeboden (20 cm Ø) verwenden. Die Filoteigblätter mit der übrigen zerlassenen Butter bestreichen und in der Backform versetzt übereinanderschichten. Die Teigränder vorsichtig an den Rand der Tarteform drücken.

2 Ein großes Stück Alufolie leicht zusammenknüllen und auf den Teigboden legen. 4–5 Minuten im vorgeheizten Ofen backen, bis der Teig an den Rändern zu bräunen beginnt. In der Zwischenzeit die Pflaumen vierteln und entsteinen. Die restliche Butter mit Ei, gemahlenen Mandeln, Zucker und Mehl in einer Schüssel glatt rühren.

3 Die Alufolie entfernen und die Mandelmischung auf den Teigboden streichen. Mit den geviertelten Pflaumen bedecken und mit dem Zucker bestreuen. Weitere 15–20 Minuten backen, bis der Teig goldbraun ist und die Füllung sich fast gesetzt hat (sie sollte in der Mitte noch sehr weich sein). In der Backform auskühlen lassen. Warm oder kalt mit Puddingcreme servieren.

Karamellisierte Äpfel mit Pekannüssen

Für 4 Portionen   Vorbereitung: 10–15 Min.   Garzeit: 11–12 Min.

Zutaten

50 g Butter

50 g Muskovado-Zucker

4 Tafeläpfel, entkernt und in Spalten geschnitten

1 TL Zimt

4 dicke Scheiben Brioche

4 EL brauner Rum oder Apfelsaft

30 g Pekannüsse

Zubereitung

1 Die Butter in einer Pfanne zerlassen. Zucker, Äpfel und Zimt dazugeben und bei mittlerer Hitze 5–6 Minuten unter gelegentlichem Rühren dünsten, bis die Äpfel karamellisiert und goldbraun sind.

2 In der Zwischenzeit die Briochescheiben toasten, bis sie von beiden Seiten goldbraun sind.

3 Rum und Pekannüsse in die Pfanne geben und 1 Minute mitgaren.

4 Die getoasteten Briochescheiben auf vorgewärmte Teller legen. Die Apfelmischung darauf anrichten und sofort servieren.

Birnen-Schoko-Pfannkuchen

Für 4 Portionen   Vorbereitung: 20 Min.   Garzeit: 10 Min.

Zutaten

200 g Nuss-Nugat-Creme

8 Pfannkuchen (Fertigprodukt)

4 reife Birnen

40 g Butter, zerlassen

2 EL Demerara-Zucker

60 g Haselnüsse, geröstet und gehackt, zum Servieren

Zubereitung

1 Den Backofengrill vorheizen. Die Nuss-Nugat-Creme in einem kleinen Topf sanft erhitzen.

2 Die Pfannkuchen mit einem Palettenmesser mit der warmen Creme bestreichen.

3 Die Birnen schälen, entkernen, grob in Stücke schneiden und in der Mitte der Pfannkuchen anrichten. Die Pfannkuchen über den Birnen zusammenfalten.

4 Eine Auflaufform mit der Hälfte der Butter einfetten.

5 Die Pfannkuchen in die Auflaufform legen, mit der restlichen Butter bestreichen und mit dem Zucker bestreuen.

6 Die Pfannkuchen unter dem Grill 4–5 Minuten backen, bis sie hellgoldbraun sind und Blasen werfen.

7 Die Pfannkuchen mit den Haselnüssen bestreuen und heiß servieren.

Eisbombe mit Baiser

Für 6 Portionen   Vorbereitung: 20–25 Min.   Garzeit: 5 Min.
plus Einfrierzeit

Zutaten

500 ml qualitativ hochwertige
Schokoladeneiscreme

6 Schokoladen-Brownies
(Fertigprodukt)

2 Eiweiß (Eier Größe L)

120 g feiner Zucker

Kakaopulver, zum Bestäuben

Zubereitung

1 Eine gefriergeeignete, möglichst halbkugelförmige Dessert-schüssel (700 ml Inhalt) mit Frischhaltefolie auslegen. Die Eis-creme in Stücken hineingeben und mit dem Rücken eines Löffels andrücken, um entstandene Löcher zu füllen. Glatt streichen. Die Schokoladen-Brownies, wenn nötig, zurechtschneiden, die Eiscreme damit bedecken und gut andrücken. 15 Minuten ins Gefrierfach stellen.

2 Den Backofen auf 220 °C vorheizen. Für das Baiser das Eiweiß in einer sauberen Schüssel mit dem Handrührgerät schlagen, bis sich Spitzen bilden. Nach und nach den Zucker löffelweise ein-arbeiten, bis die Masse steif und glänzend ist.

3 Die Schüssel aus dem Gefrierfach nehmen und auf ein Backblech stürzen. Die Folie abziehen und den Eischnee schnell über Eis-creme und Rand des Brownie-Bodens streichen, damit alles rundherum gut bedeckt ist. 5 Minuten im vorgeheizten Ofen backen, bis das Baiser beginnt, Farbe anzunehmen. Leicht mit Kakaopulver bestäuben und sofort servieren.

Mini-Apfel-Crumble

Für 4 Portionen   Vorbereitung: 15 Min.   Garzeit: 17–18 Min.

Zutaten

2 große Kochäpfel, z. B. Boskop, geschält, entkernt und in kleine Stücke geschnitten

3 EL Ahornsirup

Saft von ½ Zitrone

½ TL gemahlener Piment

50 g Butter

100 g Haferflocken

40 g Demerara-Zucker

Zubereitung

1 Den Backofen auf 220 °C vorheizen. Ein Backblech auf die mittlere Schiene stellen. Äpfel, Ahornsirup, Zitronensaft und Piment in einen großen Topf geben und vermischen.

2 Auf hoher Stufe aufkochen. Dann die Hitze auf mittlere Stufe reduzieren, den Topf abdecken und die Apfelmischung 5 Minuten garen.

3 In der Zwischenzeit die Butter in einem kleinen Topf zerlassen. Den Topf vom Herd nehmen, dann Haferflocken und Zucker einrühren.

4 Die Äpfel auf vier ofenfeste Souffléförmchen (à 200 ml Inhalt) verteilen und die Haferflockenmischung darübergeben. Die Förmchen auf das Backblech im vorgeheizten Ofen stellen und 10 Minuten backen, bis die Crumbles goldbraun sind. Die Mini-Crumbles warm servieren.

Zitronenschaum

Für 4 Portionen   Vorbereitung: 15–20 Min.   Garzeit: keine

Zutaten

abgeriebene Schale und Saft von
1 großen Zitrone

4 EL trockener Weißwein

50 g feiner Zucker

300 g Schlagsahne

2 Eiweiß

Zitronenzesten, zum Dekorieren

zarte Mandelkekse oder
Spritzgebäck, zum Servieren

Zubereitung

1 Zitronenschale und -saft zusammen mit Wein und Zucker in
eine Schüssel geben. Gut verrühren, bis der Zucker vollständig
aufgelöst ist. Die Sahne zugießen und die Mischung mit einem
elektrischen Handrührgerät aufschlagen, bis die Creme dick ist.

2 Das Eiweiß in einer zweiten Schüssel schaumig rühren. Vorsichtig
unter die Sahnemischung heben.

3 Den Zitronenschaum mit einem Löffel auf vier Dessertgläser
verteilen, mit Zitronenzesten dekorieren und sofort mit Mandel-
keksen servieren.

Variation
Dieses vollmundige Dessert können Sie auch mit anderen Zi-
trusfruchtsorten zubereiten. Probieren Sie einmal die Variante
mit Limetten oder Grapefruit.

REGISTER

This edition published by Parragon Books Ltd

Parragon Books Ltd
Chartist House
15–17 Trim Street
Bath BA1 1HA, UK
www.parragon.com

Parragon Books Ltd
Chartist House
15–17 Trim Street
Bath, BA1 1HA UK
www.parragon.com

Realisation der deutschen Ausgabe:
trans texas publishing services GmbH, Köln
Übersetzung: Wiebke Krabbe, Damlos; u.a.

ISBN 978-1-4723-8083-8
Printed in China

HINWEIS
Sind Zutaten in Löffeln angegeben, ist immer ein gestrichener Löffel gemeint: Ein Teelöffel entspricht 5 ml, ein Esslöffel 15 ml. Sofern nicht anders angegeben, wird Vollmilch (3,5 % Fett) verwendet. Eier und einzelne Gemüsestücke sind von mittlerer Größe. Pfeffer wird grundsätzlich frisch gemahlen verwendet. Wurzelgemüse sollte vor der Weiterverarbeitung
geschält werden.

Garnierungen, Dekorationen und Serviervorschläge sind kein fester Bestandteil der Rezepte und daher nicht unbedingt in der Zutatenliste oder Zubereitung aufgeführt. Die angegebenen Zeiten können von den tatsächlichen abweichen, da je nach Zubereitungsmethode und vorhandenem Herdtyp Schwankungen auftreten.

Kinder, ältere Menschen, Schwangere, Kranke und Rekonvaleszenten sollten auf Gerichte mit rohen oder nur leicht gegarten Eiern verzichten. Schwangere und stillende Frauen sollten den Verzehr von Erdnüssen oder erdnusshaltigen Zubereitungen vermeiden. Allergiker sollten bedenken, dass in allen in diesem Buch verwendeten Fertigprodukten Spuren von Nüssen enthalten sein könnten. Bitte lesen Sie in jedem Fall zuvor die Verpackungsangaben.